Elisa Bader

Bildungschancen und -ambitionen türkischer MigrantInnen

Reihe Pädagogik

Band 34

Bildungschancen und -ambitionen türkischer MigrantInnen

Vor dem Hintergrund divergierender institutioneller Konzepte in Deutschland und Australien

Elisa Bader

Centaurus Verlag & Media UG 2010

Bibliografische Informationen der Deutschen Nationalbibliothek

Die Deutsche Nationalbibliothek verzeichnet diese Publikation in der Deutschen Nationalbibliografie; detaillierte bibliografische Daten sind im Internet über http://dnb.d-nb.de abrufbar.

ISBN 978-3-8255-0760-2 ISBN 978-3-86226-309-7 (eBook)
DOI 10.1007/978-3-86226-309-7

ISSN 0930-9462

Umschlaggestaltung: Jasmin Morgenthaler

Umschlagabbildung: adpic, D. Cervo

Satz: Vorlage der Autorin

Danksagung

Das vorliegende Buch entstand aus meiner Magisterarbeit in dem DAAD-gestützten Forschungsprojekt *Diversity and Social Security among Turkish Residents in Germany and Australia* der Universität Hildesheim und der Monash University, Melbourne.

Mein besonderer Dank gilt Prof. Dr. Claudia Derichs, Dr. Wendy Smith, Dr. Andrea Fleschenberg dos Ramos Pinéu, Dr. Tuba Boz, Dr. Christine Bader, Dr. Hermann Bader, Torben Liedtke, Joy Elley, Vera Stucke, Dorothea Mohlfeld, Lyndell Hibden, Janine Laurence, Hüseyin Erhan, Dr. Francis Jarman, Selim Keysici, Ehud Hizli, Helen Vassiliadis und Maree Zagorski.

Inhaltsverzeichnis

Tabellen- und Abbildungsverzeichnis

Abkürzungsverzeichnis

ABS	Australian Bureau of Statistics
BIMPR	Bureau of Immigration and Multicultural Population Research
BMBF	Bundesministerium für Bildung und Forschung
BRD	Bundesrepublik Deutschland
DAAD	Deutsch Akademischer Austauschdienst
Dept.	Department
DFAT	Department of Foreign Affairs and Trade
DIAC	Department of Immigration and Citizenship
DIW	Deutsches Institut für Wirtschaft
ESB	English Speaking Background
IEA	International Association for the Evaluation of Educational Achievement
IGS	Integrierte Gesamtschule
LOTE	Language Other Than Englisch
MCEETYA	Ministerial Council on Employment, Education, Training and Youth Affairs
NESB	Non English Speaking Background
OECD	Organisation for Economic Co-operation and Development
PISA	Programme for International Student Assessment
SOEP	Sozioökonomisches Panel
TAFE	Technical and Further Education
TGN	Türkische Gemeinde Niedersachsen
TIMSS	Third International Mathematics and Science Study
TIS	Telephone Interpreter Services
VCE	Victorian Certificate of Education

Einleitung

„Bildung ist eine der wichtigsten sozialen Fragen des 21. Jahrhunderts" (Becker/Lauterbach 2004: 9)

Global wie national ist Bildung neben anderen existentiellen Verteilungsfragen (Wasser, Rohstoffe) zu einem entscheidenden *Have* or *Have Not* aufgerückt und einer der bedeutendsten Faktoren für die gesellschaftliche und soziale Positionierung. Nicht jeder ist hierbei gleichermaßen erfolgreich. In der Bundesrepublik Deutschland sind es insbesondere SchülerInnen und Familien mit türkischer Herkunft, die überproportional von Bildungsungleichheiten betroffen sind. Bisher diente in der schichtspezifisch orientierten Sozialforschung die primäre Sozialisation in der Familie lange Zeit als kausalanalytisches Modell zur Erklärung ungleicher Bildungschancen. In der heutigen Diskussion um den Bildungserfolg unterschiedlicher gesellschaftlicher Gruppen, insbesondere von MigrantInnen, ist dieser Ansatz um die Instanz der Schule erweitert worden. Dabei ist klar, dass auch die Mechanismen innerhalb dieser Instanz bedeutenden Einfluss auf Bildungswege und -entscheidungen der SchülerInnen und ihrer Familien haben.

Bildungsaspirationen variieren allerdings stark in Abhängigkeit von der sozialen und ethnischen Herkunft. Demografische und kulturelle Charakteristika beeinflussen die elterliche Sichtweise und ihre Erwartungen an ihre Kinder (Eccles 2007). So lassen sich vor allem die sozialen Herkunftseffekte institutionell beeinflussen (Schuchart/ Maatz 2007). Gerade vor dem Hintergrund der institutionellen Wissensvermittlung und dem Zusammenhang zwischen Bildungsabschlüssen und Chancenverteilung kommt der Schule eine besondere Stellung zu. Bildungsentscheidungen im Verlauf des Lebens werden durch Vorgaben wie die Festlegung von formalen Zugangskriterien und Zugangsbeschränkungen aber auch dem Angebot der Schule bestimmt (Hillmert 2004), und auch die Darbietung und Strukturierung eines Lernstoffes, sowie die motivationalen Lernbedingungen in der Schule beeinflussen maßgeblich individuelle Lernvorgänge (Pekrun 2002).

Insbesondere vor dem Hintergrund der in jüngerer Zeit wiederholt diskutierten niedrigen Bildungsbeteiligung und vergleichsweise geringereren Bildungserfolges unterschiedlicher gesellschaftlicher Gruppen, speziell türkischer MigrantInnen und deren Kindern, gehe ich der Frage nach, inwieweit der institutionelle Aufbau und Ablauf von Schule-Eltern-Kontakten und die Bereitstellung von kulturspezifischen Angeboten Partizipation und Aspirationen der türkischen Eltern beeinflussen kann. Die Untersuchung konzentriert sich auf die Kommunikation und Interaktion zwischen türkischen Eltern und Schulen in Deutschland und Australien. Schwerpunkt der Arbeit bilden der Vergleich und die Beschreibung der Schulkommunikation aus Sicht der Eltern in den beiden Ländern. Darüber hinaus sollen auch die Erwartungen türkischer MigrantInnen gegenüber Kommunikationswegen und -abläufen, Informationsweitergabe, und -bedarf sowie schulischen Förderangeboten, aber eben auch sprachlichen, kulturellen und religiösen Angeboten erfragt und skizziert werden.

Das vorliegende Buch ist als Magisterarbeit Teil des Forschungsprojektes „Diversität und Soziale Sicherung unter türkischen Migranten in Deutschland und Australien“, das die Konzepte zur sozialen Sicherung innerhalb der türkisch-muslimischen Migrantengemeinschaften in Australien und Deutschland untersucht. Die Feldforschungen wurden durch den DAAD (Deutscher Akademischer Austausch Dienst) gefördert. Der Aufbau der Arbeit gliedert sich in zwei Hauptteile, die Wiedergabe des erworbenen Grundlagenwissens einerseits und die empirische Untersuchung andererseits.

Im ersten Kapitel wird der theoretische Bezugsrahmen vorgegeben und in die zentralen Begrifflichkeiten der Arbeit eingeführt. Dabei sind zunächst der gegenwärtige Bildungs*begriff* und der Zusammenhang zwischen Bildung und Sozialer Sicherung zu klären. Anschließend werden Rolle und Bedeutung der an der kind-

lichen Bildungsentwicklung beteiligten Akteure und Institutionen sowie ihr Zusammenwirken erläutert.
Das zweite Kapitel beschreibt die familialen und gesellschaftlichen Sozialisations- und Integrationsbedingungen türkischer MigrantInnen in Deutschland. Nach Darstellung grundlegender Strukturen und Entwicklungen im deutschen Schulsystem wird auf die konkrete Bildungssituation türkischer SchülerInnen im deutschen Bildungssystem eingegangen.
Im dritten Kapitel werden die familialen und gesellschaftlichen Lebensbedingungen sowie die Bildungssituation türkischer MigrantInnen im australischen Schulsystem beschrieben.
Mit dem vierten Kapitel beginnt der empirische Teil der Untersuchung. Es wird in die zentrale Fragestellung des Forschungsvorhabens eingeführt. Nach Ausführung der theoretischen Grundlagen der qualitativen Forschung erläutere ich mein Vorgehen bei der eigenen Untersuchung.
Das fünfte Kapitel widmet sich der Auswertung und Interpretation der erhobenen Daten. Die durch Kodierung gewonnenen Ergebnisse werden durch Expertengespräche und das Datenmaterial aus der schriftlichen Befragung ergänzt. In der Schlussanalyse sind die zentralen Aussagen wiedergegeben. Kapitel 6 schließt mit dem Fazit ab.

Diese Arbeit erhebt nicht den Anspruch, ein vollständiges Bild der Lebenssituation türkischer MigrantInnen in Deutschland und Australien zu vermitteln. Vielmehr möchte diese Arbeit einen umfassenden Einblick in diese komplexe Thematik geben, der sich durch den gebotenen Rahmen auf die Darstellung der zentralen und aus eigener Sicht besonders bedeutenden Sachverhalte beschränken muss. Das im Rahmen dieser Arbeit benutze Attribut *mit Migrationshintergrund* bezieht sich nach der Definition aus dem Bildungsbericht 2008 (VIII) auf jene Personen „die selbst oder deren Eltern oder Großeltern nach 1949 nach Deutschland zugewandert sind, ungeachtet ihrer gegenwärtigen Staatsangehörigkeit." Den ursprünglich als relativ unmissverständlich zu handhabenden Begriff der *Zweiten* oder *Dritten Generation* stehe ich nach dem Literaturstudium skeptisch gegenüber, zeigt doch die gegenwärtige Realität ein weit differenzierteres Gefüge als es die Zuschreibung von Eigenschaften unter diesen Attributen zulässt.

1 Theoretische Grundlagen

Bildung – In der deutschen Sprache umfasst der Begriffe Bildung eine Vielzahl an semantischen Assoziationen. In direkter Nachbarschaft hingegen, in der englischen oder französischen Sprache, existieren vielfältige Wörter, die durchaus verschiedene Aspekte von Bildung beschreiben. Im öffentlichen Diskurs um das deutsche Bildungswesen beschränken sich der Gebrauch und das Verständnis von Bildung auf eine geradezu technische Interpretation im Sinne eines Ausbildungserwerbs. Welcher Stellenwert und welche Erwartungen werden nun in der gegenwärtigen Gesellschaft mit dem Begriff der Bildung verknüpft? Und welche Bedeutung hat Bildung für die *Soziale Sicherung* des Einzelnen? Welche Instanzen und Akteure sind als Einflussfaktoren auf den schulischen Bildungsweg zu identifizieren? Zentraler Ausgangspunkt sind Familie und Schule, beides Bereiche, die sich durch gesellschaftlichen Wandel größeren Umbrüchen gegenüber sehen und die die kindliche Sozialisation maßgeblich beeinflussen. Um die verschiedenen Formen der Schule-Eltern-Interaktion beschreiben zu können wird das theoretische Kommunikationsmodell von Epstein *et al.* (2004) vorgestellt. Außerdem wird ein Überblick über vorliegende Forschungsarbeiten zu elterlicher Partizipation in Schulen und dessen Einfluss auf die kindliche Performance im Schulleben gegeben.

1.1 Bildung: Ein vielschichtiger Begriff

Der Begriff Bildung hat im Zeitverlauf durchaus unterschiedliche inhaltliche Zuschreibungen erhalten. Insbesondere in der deutschen Sprache liegen dem Begriff eine Vielzahl semantischer Bedeutungen zugrunde, während das englische *education*, wie auch das französische *éducation* in ihrer Zuschreibung weitaus eindeutiger verfahren. In beiden Sprachen bedarf es mehrerer Wörter um den verschiedenen semantischen Aspekten von Bildung gerecht zu werden. Um das gegenwärtige Bildungsverständnis verstehen und gegebenenfalls hinterfragen zu können, empfiehlt sich ein Blick zurück in die Zeit. Zunächst hatte Bildung überhaupt nichts mit den heute vorherrschenden Aspekten von Erziehung und Ausbildung zu tun. Etymologisch ist der Ursprung von Bildung im Altdeutschen auf die Tätigkeit des *Abbildens* zurückzuführen. Den Weg in den Alltagsgebrauch fand der Begriff als „neues Grundwort" im 18. Jahrhundert (Sandkaulen 2005: 14). Bildung beschrieb dabei einen inneren Vorgang, der die „Entfaltung und Entwicklung aller individuellen Kräfte, die das Leben im Ganzen in Anspruch nimmt" (Sandkaulen 2005: 15). Bildung wurde als dynamischer Prozess verstanden,

> „(...) der jetzt, bezogen auf das einzelne Individuum und die Gesellschaft, eine innere Entwicklung und deren äußere Darstellung übergreift und zum Ziel nicht das ablösbare Produkt einer Bildungstechnik, sondern die Verwirklichung von Humanität hat" (Sandkaulen 2005: 15).

Fichte (1971) und Hegel (1970) erweiterten im 18. Jahrhundert den Begriff und verstanden Bildung nicht mehr nur als einen natürlichen Entwicklungsprozess, sondern als das Resultat von Arbeit an sich selbst und an seinem eigenen Bewusstsein. Auch der deutsche Ausschuss für das Erziehungs- und Bildungswesen gab im Jahr 1966 folgende Definition:

> „Gebildet wird jeder, der in der ständigen Bemühung lebt, sich selbst, die Gesellschaft und die Welt zu verstehen und diesem Verständnis gemäß zu handeln" (Deutscher Ausschuss für das Erziehungs- und Bildungswesen 1966: 870).

Bildung wurde zu einer zumutbaren Anstrengung, die ein jeder auf sich zu nehmen hatte, um in den Genuss selbstbestimmter Wahlfreiheit gelangen zu können. Dabei musste ein jeder bereit sein, nicht nur das, was er an persönlichen Anlagen und Fähigkeiten von Hause aus mitbrachte auch anderen mitteilen zu wollen, sondern auch, das, was er nicht kann durch andere zu „empfangen“ (Fichte 1971: 320). Für Hegel selbst ist Bildung der „Weg zur politischen Partizipation“ (Sandkaulen 2005: 15). So verlange Bildung mit Gewohntem und Vertrautem zu brechen und sich in einem Erfahrungsprozess neuen und ungewohnten Perspektiven zu stellen (Sandkaulen 2005: 19ff; Hegel 1970: 359ff). *Bildung in diesem Verständnis ist die Entwicklung von persönlicher und bürgerschaftlicher Identität.*

Heute erinnert nicht mehr viel an die philosophischen Überlegungen zum Bildungsbegriff. Es ist wichtig, sich diese Veränderungen deutlich zu machen, sofern man zu aktuellen Bestrebungen Stellung nehmen möchte. Der Begriff Bildung hat heute einen weitaus technischeren Klang erlangt und ist fast synonym zu Ausbildung und Erziehung gebraucht (Sandkaulen 2005). Diese Entwicklung kam mit der *Humankapitalthorie*, deren Vertreter die Fähigkeiten eines Individuums, neben materiellen, fixen Gütern, als Kapital verstanden. Bildung wurde nicht mehr als Konsumgut betrachtet, sondern als Investition zum Erwerb von Humankapital, vergleichbar auch mit Sachkapital (vgl. Soyka 2006: 39; Ammenmüller, Dohmen 2004: 7). Dabei galt die Ansicht, Humankapital sei durchaus wichtiger als der Besitz von materiellem Kapital und nur durch Investitionen in die Aus- und Weiterbildung von Arbeitskräften könne sich eine Volkswirtschaft weiterentwickeln. Allerdings wurde Bildung nur dann ein Investitionscharakter zugesprochen, wenn diese eine „Ausbildung finanziert“ hatte, die später beruflich genutzt werden konnte (vgl. Soyka 2006: 43). Für alle anderen Fälle gilt explizit, dass „Bildung, die nicht in der Erwerbsbevölkerung verkörpert ist“ nicht zum Humankapital gerechnet wird (Schultz 1961: 235). *Bildung bekam den Charakter einer Investition und einer Ressource für das nationale und globale Wirtschaften.*

Aufgrund der besonderen ökonomischen und sozialen Bedeutung von Bildung ist diesem Kapitel eine ausführlichere Diskussion angeschlossen.

Zuvor möchte ich auf die kulturwissenschaftliche Definition durch Maja Suderland eingehen. Ihre in der kulturvergleichenden Sozialisationsforschung angelegte Definition erweitert das bisher gegebene Verständnis von Bildung um einen weiteren wichtigen Aspekt: So versteht Suderland Bildung als die

> „individuelle Aneignung von Kultur, – eine Aneignung, die dem Einzelnen die kognitiven, expressiven und ästhetischen Traditionen der Menschheit verfügbar macht (...)" (Suderland 2004: 19f).

Weiter heißt es:

> „Das entscheidende Kriterium dafür, ob von Bildung gesprochen werden kann, ist das der Nachhaltigkeit, während die Art und Weise der Aneignung zunächst einmal grundsätzlich unerheblich ist: Ob im Rahmen formeller Institutionen oder auf informellem Wege, durch explizite Lehre, Erziehung oder aber durch mimetische Aneignung erworben, kommt es darauf an, dass das Erlernte langfristig verfügbar ist. (...) ist Bildung nicht beschränkt auf Schulwissen und spezielle Kenntnisse der Berufsbildung oder akademischen Lehre. Sie umfasst ebenfalls kollektives Wissen, wie es in Form von volkstümlicher Kultur vorhanden ist und durch Erziehung und Tradition weitergegeben wird, sowie durch Praxis angeeignetes implizites Wissen".

Bildung beschränkt sich in dieser Definition nicht auf das reine Schulwissen, auf Kenntnisse der Berufsbildung oder der akademischen Lehre. Bildung beinhaltet *kollektives* Wissen sowie *implizites* Wissen und schließt dabei im Sinne Bourdieus (1983) auch „inkorporiertes kulturelles Kapital" ein.

Bildung bestimmt somit als Teil des *Habitus* die Position im sozialen Raum, die eine Gruppe eben nach der Zusammensetzung ihres sozialen, ökonomischen und kulturellen Kapitals einnehmen kann, und ihre gegebenen Praxen und Handlungsmöglichkeiten (Bourdieu 1983; Suderland 2004; Huber 1998). Suderland versieht den Begriff Bildung mit einem weiteren Aspekt, einer kulturellen Komponente, die die Individuen in ihrer kulturellen Praxis prägt und Gemeinsamkeiten schafft. *Bildung schafft also kulturelle Identität, die im weiteren Sinne durch ihre*

Implikationen für die soziale Verortung in der Gesellschaft sorgt, und damit eine soziale Identität kreiert.

Bildung kann also sehr viel mehr sein als die einzelnen aufgeführten Bildungskonzeptionen dem Begriff der Bildung zuschreiben möchten.
So orientiert sich auch der nationale Bildungsbericht der Bundesrepublik Deutschland an einem Bildungsverständnis, „dessen Ziele sich in den drei Dimensionen individuelle Regulationsfähigkeit, gesellschaftliche Teilhabe und Chancengleichheit sowie Humanressourcen niederschlagen“ (Bildungsbericht 2008: 2).
Die wirtschaftliche Ausrichtung von Bildungspolitik zu mehr Leistungs- und Outputorientierung verdrängt heute den kulturellen Gehalt von Bildung. Dabei ist die Entwicklung einer persönlichen, aber auch bürgerlichen Identität aus gesamtgesellschaftlicher Sicht für den Erhalt einer demokratischen Gesellschaft wichtig. Damit schließt Bildung auch gesellschaftliche Integration ein. Integration ist nicht nur als Konzept von (konsensschaffenden) Wertehaltungen zu verstehen, sondern besitzt einen institutionellen Charakter, der sich als *Zugang zu den für die Lebensführung wichtigen Bereichen der modernen Gesellschaft* beschreiben lässt (Bommes 2007: 3). Allen Individuen wird dabei zugemutet, sich diesen Zugang eigenständig zu verschaffen, ausgerichtet an den jeweils geltenden Anforderungen. Nur die Gesamtheit der Konzeptionen offenbart die Relevanz von Bildung in all ihren gesamtgesellschaftlichen, institutionellen und persönlichen Aspekten.
Es muss klar sein, dass Bildung und Bildungsforschung je nach Blickwinkel und Herangehensweise verschiedene Bezugsdisziplinen berühren und je nach Fragestellung einen interdisziplinären Ansatz begünstigen. Die enge Verknüpfung ökonomischer, pädagogischer, kultureller und religiöser Aspekte in Belangen der schulischen Erziehung, denen ich in Interviews immer wieder begegnet bin, haben mich dazu bewogen, einem in dem Sinne weiter gefassten Bildungsverständnis den Vorzug zu geben.

Es stellt sich die Frage, wenn Bildung also gleichzeitig Persönlichkeitsentwicklung, Erziehung, Ausbildung, Lebensbewältigung und Sozialisation umfasst, welche Aufgaben kommen dabei dem Bildungssystem in Hinblick auf seine Instanzen zu? Und viel wichtiger noch: Welche Aufgabenerfüllung wird von Seiten der Nutznießer erwartet?

1.2 Bildung im Kontext Sozialer Sicherung

Non vitae, sed scholae discimus.

Non scholae, sed vitae discimus.

(SENECA zit. in Allmendinger/Aisenbrey 2002: 41)

Auf internationaler Ebene hat Bildung einen enormen Bedeutungsgewinn erfahren. Bildung ist zu einer Ressource geworden, die denjenigen, die über sie verfügen Vorteile verschafft und Chancen vermitteln. Bildung ist im Sinne der Humankapitaltheorie zu einem internationalen Wirtschaftsfaktor geworden. Die vormals industriell geprägte Gesellschaft hat sich mehr und mehr zu der heutigen Informations- oder Wissensgesellschaft gewandelt. Die physische Produktion von Gütern findet in zunehmendem Maße in Schwellen- und Entwicklungsländern statt, die, auch aufgrund des weltweit ungehinderten Zugangs zu Wissen, im internationalen Wettbewerb aufgeholt haben (Soyka 2006: 92). Die Bedeutung und der Wert von Wissen und Fertigkeiten steigen auf Grundlage veränderter Arbeitsprozesse und fortschreitender Globalisierung (OECD 1996: 15). Internationale Lernprozesse beschleunigen sich, sodass neue Wettbewerber in immer kürzer werdenden Zeitabständen auf die Märkte drängen (North 1999: 14). Dabei konkurrieren rohstoffreiche Länder mit Staaten, die ein scheinbar unbegrenztes Potential an Humankapital aufweisen (Soyka 2006: 93). Eine rein nationale Sichtweise auf die Entwicklungen in Berufs- und Arbeitsleben, die selbst wiederum Veränderungen auf dem Bildungssektor nach sich ziehen, scheint vor dem Hintergrund internationalisierter Märkte hinfällig (Allmendinger 2005: 47).

Mit den beschriebenen Veränderungen in der zunehmend globalisierten Welt vollzog sich in Deutschland eine Entwicklung hin zu der Forderung nach mehr Leistungs- und Outputorientierung des Bildungssystems, die sich an den Bedürfnissen der Wirtschaft ausrichten solle. Dieser Forderung liegt die Annahme zugrunde, dass Bildung maßgeblich das Wirtschaftswachstum beeinflussen kann (Soyka 2006; Schlaffke 1999). Dabei hat sich der Beitrag des Bildungswesens auf die „Sicherstellung und Weiterentwicklung des quantitativen und qualitativen Arbeitskräftevolumens als auch auf die Vermittlung von Kompetenzen, die den Menschen eine ihren Neigungen und Fähigkeiten entsprechende Erwerbsarbeit ermöglichen" auszurichten (Bildungsbericht 2008: 2). Gerade in technologisch geprägten Wirtschaftsfeldern konkurrieren Staaten um qualifizierte Arbeitskräfte. Dabei gilt die Hypothese, dass die Qualifikation der Bevölkerung als ein maßgeblicher Faktor für die wirtschaftliche Positionierung im globalen Wettbewerb gilt. Um diesen Status zu erhalten, sind Investitionen in Bildung und Ausbildung dringend erforderlich (Soyka 2006: 94). Aus der Bildungs- und Sozialforschung erheben sich zu diesem Ansatz jedoch auch kritische Stimmen. So zweifeln Opielka (2005: 137) und Winkler (2005: 24), aufbauend auf der Arbeit der britischen Bildungsökonomin Alison Wolf, den unmittelbaren Zusammenhang zwischen Bildung und Wirtschaftswachstum an[1]. Sicher ist, dass manche Forderungen nach Veränderungen im Bildungssystem, aber auch staatliche Eingriffe in dieses über den Erhalt der ökonomischen Wettbewerbsfähigkeit begründet werden.

Bildung unter dem Aspekt eines Wettbewerbsfaktors wird in der gegenwärtigen Zeit zunehmend zu einer „Leistungsfrage" und damit „zum Problem einer ‚produktiven' oder ‚investiven' Sozialpolitik", die sich nicht mehr nur auf die Problematik der Ungleichbehandlung im Bildungssystem beschränken kann (Opielka 2005: 131). Bildung ist zu einer zentralen Ressource sozialer Teilhabe in Wissens-

[1] Alison Wolf (2002): Does Education Matter? Myths about Education and Economic Growth. London: Penguin.

und Informationsgesellschaften und damit „zu einer entscheidenden Variable für soziale Ungerechtigkeit" geworden (Opielka 2005: 127ff).

Der Bundesrepublik Deutschland wurde im Rahmen verschiedener Schulleistungsstudien (PISA, TIMSS) eine besonders starke Verbindung von familialer Herkunft, Schichtzugehörigkeit und Bildungserfolg bescheinigt. So haben miteinander korrelierende Indikatoren, wie z.B. das Einkommen der Eltern, einen starken Einfluss auf den Bildungserfolg ihrer Kinder. Bildungschancen werden zumindest in Deutschland „sozial vererbt" (Stompe 2005: 132).

Wird unter Sozialpolitik der Versuch verstanden, jedem Bürger und jeder Bürgerin „die Inklusion in alle gesellschaftlichen Funktionssysteme dauerhaft offen zu halten, dann muss der Zugang zu Bildung als eine ihrer wesentlichen Aufgabenstellungen gelten" (Opielka 2005:127). „Soziale Sicherung" bedeutet in diesem Kontext nicht nur staatliche Fürsorge unter dem Aspekt einer Grundsicherung basaler Bedürfnisse, sondern auch die gesellschaftliche Teilhabe an wichtigen Lebensbereichen. Im deutschen nationalen Bildungsbericht 2008 heißt es hierzu: „Indem die Bildungseinrichtungen gesellschaftliche Teilhabe und Chancengleichheit fördern, wirken sie systematischer Benachteiligung aufgrund der sozialen Herkunft, des Geschlechts und der nationalen oder ethnischen Zugehörigkeit entgegen". Auf die bereits in einem der vorherigen Absätze angesprochene Produktion von sozialer Ungleichheit, die dem deutschen Bildungssystem in verschiedenen Leistungsstudien attestiert worden ist, wird in Kapitel 2.2.1 sowie 2.2.2 eingegangen.

Sozial- wie Bildungspolitik entscheiden und beeinflussen in ihrem Kern zentrale Verteilungsfragen. Bildungsabschlüsse entscheiden über den Zugang zum Arbeitsmarkt und über berufliche und damit auch gesellschaftliche Integration. Der Zusammenhang zwischen Bildungszertifikaten und Chancenverteilung lässt die sozialpolitische Bedeutung bildungspolitischer Entscheidungen deutlich werden. Nach Opielka (2005: 127) treffen sich Bildungs- und Sozialpolitik immer dann, wenn das „Versprechen der Teilhabe" Veränderungen der vorhandenen Institutionen und Prozeduren erfordert.

In der Bundesrepublik Deutschland werden Bildung und „Soziale Sicherung", anders als im Verständnis angelsächsischer Länder und auch der Europäischen Union, nicht als „Sozialpolitik" betrachtet, sondern in getrennten Ressorts behandelt (Allmendinger 2005: 46). Australien und die Bundesrepublik Deutschland weisen besonders bei der Bildungsfinanzierung und Ausgaben im Sozialbereich große Unterschiede auf.
In Anlehnung an das AGIL-Schema von Parsons (1951) lassen sich analog zu anderen gesellschaftlichen Subsystemen auch für das Bildungssystem vier Grundfunktionen, die für Erhalt und Stabilität des Gesamtgesellschaftssystems zu erbringen sind, identifizieren. Für das Bildungssystem bedeutet dies, die „Grundfunktion der Reproduktion" zu übernehmen, d.h. „Qualifikationen (*adaption*) bereitzustellen, Sozialisationsleistungen (*goal attainment*) zu erbringen, die soziale Integration zu gewährleisten und die Erhaltung der kulturellen Kenntnisse, Werte und Normen zu sichern (*latent pattern maintenance*)" (Reuter 2002: 176; Patzelt 2003: 50ff).

1.3 Eltern und Schule: Prädiktoren des Bildungserfolges

Der erfolgreiche Erwerb von Wissen und Persönlichkeit hängt von einer Vielzahl individueller, sozialer und institutioneller Faktoren ab. Schule und Eltern spielen dabei eine übergeordnete Rolle.

1.3.1 Familie als erste Instanz der Bildungsentwicklung

Familien geben ihre Anlagen, sie vermitteln und beeinflussen die kindliche Ontogenese während früher und entwicklungssensitiver Zeitpunkte. Mit ihrer „Emotionsmacht und ihres partikularistischen Interesses am Wohl der Familienmitglieder über den gesamten Lebenslauf hinweg" kommt ihnen aus psychologischer und soziologischer Sicht eine Sozialisationsbedeutung und Vormachtsstellung zu, die „sich andere Instanzen (...) jeweils erst erarbeiten müssen" (Pekrun 2002: 73).

Schuchart und Maatz (2007) fanden heraus, dass Bildungsaspirationen stark in Abhängigkeit von der sozialen und ethnischen Herkunft variieren. Es sind vor allem aber die sozialen Herkunftseffekte, die sich institutionell beeinflussen lassen (Schuchart/ Maatz 2007: 640ff). Auch demografische und kulturelle Charakteristika beeinflussen die elterliche Sichtweise und ihre Erwartungen an ihre Kinder (Eccles 2007:669). Familienstruktur, -größe, finanzieller Hintergrund der Eltern, Bildungshintergrund, die Berufe der Eltern, Charakteristika der Lebensgemeinschaft, aber auch Umbrüche in der ökonomischen Situation der Familie sind weitere maßgebliche Einflussfaktoren auf die kindliche (schulische) Motivation und den tatsächlichen Bildungserfolg (Eccles 2007: 669). Aber gerade die Erwartungen der Eltern werden als bedeutsame Voraussetzung für Bildungsziele und -entscheidungen von Jugendlichen verstanden (Becker 2000: 457, 465). So hat sich in verschiedenen Studien gezeigt, dass neben der eigentlichen Leistung die elterlichen Aspirationen als stärkster Einflussfaktor auf den späteren Bildungsverlauf zu verstehen sind (vgl. Schuchart/ Maatz 2007: 642; Wiese *et al.* 1983: 98).

In der Bundesrepublik Deutschland hat der Wille der Eltern gerade bei der Übergangsentscheidung einen erheblichen Einfluss auf die spätere Schullaufbahn (Becker 2000: 466). Auch sind nach der Sekundarstufe I (Deutschland) oder der Junior Secondary School (Australien) Jugendliche in der Regel noch nicht volljährig und finanziell abhängig von ihren Eltern.

Die Eltern beeinflussen auch durch ihre subjektive Bewertung von Aufgaben maßgeblich die kindliche Einstellung und das Verhalten speziell bei ergebnis- und leistungsorientierten Aufgaben (Eccles *et al.* 1993: 90ff). Eltern aus verschiedenen Kulturkreisen zeigen jedoch Unterschiede bei der Bewertung von Aktivitäten und motivationaler Orientierung (Eccles 2007: 670). Allerdings gilt die Annahme, dass der Einfluss der Eltern auf die Entscheidungen der Kinder und Jugendlichen mit zunehmendem Lebensalter generell abnimmt (Schuchart/ Maatz 2007: 642; Wiese *et al.* 1983: 90).

1.3.2 Institutionelle Bildungsentwicklung: Einflussfaktor Schule

Vor dem Hintergrund der institutionellen Wissensvermittlung kommt der Schule eine übergeordnete Stellung zu. Bildungsentscheidungen im Laufe des Lebens werden durch Vorgaben wie die Festlegung formaler Zugangskriterien, -beschränkungen oder dem Angebot der Schule festgelegt (Hillmert 2004: 82). Auch die Darbietung und Strukturierung eines Lernstoffes und die motivationalen Lernbedingungen in der Schule beeinflussen maßgeblich individuelle Lernvorgänge (Pekrun 2002: 73).

Zwar läuft der schulische Sozialisationsprozess primär *in* der Schule ab, *für* die Schule wird aber auch außerhalb sozialisiert, deshalb sind die verschiedenen Lebenswelten der SchülerInnen und das Zusammenspiel der Sozialisationsinstanzen untereinander unbedingt zu beachten (Ulich 1998: 381f).

1.3.3 Schule-Eltern-Kommunikation

Die Mehrzahl der Forschungsarbeiten über die Interaktion zwischen Eltern und Schule kommt aus den USA (Eccles 2007; Epstein *et al.* 2002). Hier zeigt sich, dass das Zusammenspiel von Schule und Eltern auf alle Beteiligten Einfluss hat:

- SchülerInnen erzielen bessere Noten und Testergebnisse in der Schule, weisen weniger Fehlzeiten auf, zeigen eine positive Einstellung und positives Verhalten gegenüber der Schule sowie höhere Aspirationen, wenn ihre Eltern davon Kenntnis nehmen, was in der Schule passiert und ihre Kinder in ihrem Fortkommen bestärken (vgl. Epstein 1990: 99ff; Hoberecht 1998: 1).
- Wenn Eltern sich an oder in der Schule beteiligen, steigt auf Seiten der LehrerInnen die Bereitschaft und Motivation, ihre eigene Arbeit zu hinterfragen und zu verbessern (Hoberecht 1998: 1).

- Eltern wiederum zeigten eine größere Bereitschaft, mehr Zeit für Aktivitäten mit ihren Kindern zu verbringen, wenn LehrerInnen sie mit notwendigen und hilfreichen Anleitungen versorgten (Hoberecht 1998:1).

Henderson und Berla beschreiben die Wirkung der elterlichen Partizipation innerhalb der Schule folgendermaßen:

> "Active parent participation is considered an essential ingredient for reinforcing the importance of learning as a partnership involving the home and the school, increasing teachers' morale and instructional effectiveness, and restoring families' confidence in the quality of the education offered to their children" (zit. in Hoberecht 1998: 2).

Wie die Interaktion zwischen Schule und Eltern aussehen kann und welche Herausforderungen sich dabei ergeben, wird in dem Modell von Epstein *et al.* (2002: 12ff, 25, 165ff) beschrieben.

Six Types of Involvement (Epstein et al. 2002)

1. „Parenting" obliegt hauptsächlich der Verantwortung der Familie und beinhaltet die Bereitstellung und Befriedigung der basalen Bedürfnisse in Bezug auf Ernährung, Gesundheit, Wohnen, Sicherheit und Kleidung und der Vermittlung elterlicher Fähigkeiten für jedes Lebensalter. Außerdem gilt es Informationen und Aktivitäten zu gestalten, die für den notwendigen Wissensaustausch zwischen Schule, Kind und Familie sorgen. Die Herausforderung liegt darin, Informationen und Hilfestellung auch jenen Eltern zukommen zu lassen, die sich nicht über die institutionalisierten Kommunikationswege zwischen Schule und Eltern erreichen lassen. Eine weitere Herausforderung liegt darin, die Atmosphäre und das notwendige Vertrauen für einen Austausch über den familialen Hintergrund, Kultur, Talente, Ziele und Bedürfnisse zwischen Familie und Schule zu ermöglichen.

2. „Communicating" liegt hauptsächlich in der Verantwortung der Schule und beinhaltet die Kommunikation mit dem Elternhaus. Dazu gehört ebenso die Öffnung und Motivierung für die Kontaktaufnahme seitens der Eltern. Auf Seiten der

Schule bedeutet dies, für die Weitergabe von Informationen über Schulprogramme, Tests und Klausuren und den Entwicklungsstand des Schülers oder der Schülerin durch Memos, Notizen, Reporte, Konferenzen, Elternabende, Schulzeitung, Telefonanrufe oder Emailverkehr zu sorgen. Ebenso sollte die Schule Informationen über Schulwahl und Wechselmöglichkeiten, Kurse, Programme oder Aktivitäten bereitstellen und offen für Fragen und Austausch mit den Eltern sein. Dabei liegt die Herausforderung in der Gestaltung einer klaren und verständlichen Kommunikation über Print- und/oder Nonprint-Medien an *alle* Familien.

In manchen Fällen kann dies die Notwendigkeit einer Übersetzung oder die Inanspruchnahme eines Dolmetscherservice beinhalten.

3. „Volunteering" beschreibt alle Arten von Beteiligung an und für die Schule mit dem Schwerpunkt auf freiwilligem Engagement. Das herausfordernde Element bei dieser Beteiligungsform liegt in der Rekrutierung, Einarbeitung, und vielmehr noch in der flexiblen zeitlichen Gestaltung von Aktivitäten und Programmen, so dass ein Rahmen geschaffen wird, der allen Familien Möglichkeiten zur Mithilfe bietet.

4. „Learning at home" kategorisiert schulische Aktivitäten, die die Versorgung der Eltern mit Informationen über Hausaufgaben, Hausaufgabenhilfe, fachbezogenen Auskünften sowie die Förderung von Fähigkeiten einschließen.

5. „Decision Making" beinhaltet die Partizipation an Repräsentations- und Mitbestimmungsformen, die entweder institutionell oder auch unabhängig davon bestehen. Dabei sollte eine möglichst repräsentative Beteiligung aller Eltern im Bestreben der Schule liegen und die Inklusion aller kulturellen, ethnischen, sozioökonomischen und anderer Gruppen zum Ziel haben. Eine weitere Zielsetzung und Herausforderung ist die Zusammenarbeit von Eltern- und Schülervertretern bei schulischen Entscheidungsprozessen.

6. „Collaborating with the community" beschreibt den Dialog zwischen Schule und weiterem Umfeld, das den Aufbau eines Netzwerkes zum Ziel hat, um SchülerInnen und Eltern mit Informationen über Angebote, Programme, Aktivitäten und Services im näheren Umfeld zu versorgen und eine Basis zu schaffen, die gleichen Zugang zu Partizipation und Serviceangeboten ermöglicht. Inhalte der Zusammenarbeit reichen von konkreten Problemlösungsansätzen bis zu der Gewinnung von Sponsoren und Spendengeldern.

Der Kontakt zwischen Schule und Eltern verläuft allerdings nicht immer reibungslos.

Mehrheitlich vermissen Eltern vor allem Informationen über den schulischen Ablauf, um nach eigenem Ermessen ihre Kinder richtig unterstützen zu können (Epstein *et al.* 2002) Viele Eltern fühlen sich nicht in der Lage, ihren Kindern die Unterstützung zukommen zu lassen, die sie sich wünschen, sei es in punkto Hausaufgabenhilfe oder bei Ratschlägen zur Berufswahl (vgl. Hoberecht 1998: 4). Birgit Leyendecker beschreibt in Auszügen ihrer noch laufenden Studie „Home-Start before School-Start“ an der Ruhr-Universität Bochum Kontakt- und Kommunikationshindernisse zwischen deutschen Schulen und türkischen Eltern.

Außerdem zeigte sich, dass Schulen innerhalb ökonomisch schwächeren Gemeinden überdurchschnittlich oft wegen Problemen oder Schwierigkeiten der SchülerInnen mit den Eltern in Kontakt treten, wenn nicht konkret balancierte wechselwirkende Programme eine auf positive Aspekte ausgerichtete Kommunikation vorantreiben (vgl. Epstein *et al.* 2002: 11f).

Auch der Kontakt zwischen Eltern und Schule wird mit jedem weiteren Schuljahr weniger (Schuchart/Maatz 2007; Wiese 1983). Jedoch kann diese Entwicklung durch gezielte Kontaktaufnahme und Programme seitens der Schule abgeschwächt werden.

2 Zur Situation türkischer MigrantInnen in Deutschland

Im ersten Teil dieses Kapitels gehe ich auf die Lebenssituation der türkischen MigrantInnen in der Bundesrepublik Deutschland ein. Dabei ist zwischen gesellschaftlichen und persönlichen Rahmenbedingungen zu unterscheiden.
Der zweite Teil beginnt mit der Darstellung der Besonderheiten und Entwicklungen des deutschen Schulsystems. Danach werden die Bildungssituation und der Bildungserfolg türkischer MigrantInnen anhand vorliegender Studien erörtert, bevor abschließend Modelle und Konzepte im schulischen Umgang mit Migrantenkindern und deren Eltern beispielhaft aufgeführt werden.

2.1 Gesellschaftliche Rahmenbedingungen und Familiensituation türkischer MigrantInnen in Deutschland

In Deutschland, so schreibt Bommes (2007: 4) ist jedem Menschen gleichermaßen „zugemutet", sich den Zugang zu den wichtigen Lebensbereichen, und damit auch zum Bildungssystem, in Eigenständigkeit zu verschaffen. Ob MigrantInnen nun ihre Kompetenzen zur Geltung bringen und sich erfolgreich Zugang zum Bildungsbereich verschaffen können, hängt dennoch insbesondere auch von den institutionellen Bedingungen und Barrieren ab, auf die sie treffen. Zum anderen sind materielle, kulturelle und soziale Ressourcen gefordert, in denen sich gerade MigrantInnen hinsichtlich ihrer Ausstattung unterscheiden (Bommes 2007: 4).
Die Bedingungen und Barrieren, auf die MigrantInnen in der Bundesrepublik Deutschland treffen, möchte ich im Folgenden anhand ausgewählter Literatur, offiziellen Statistiken und Studien beschreiben, um dadurch ein möglichst umfassendes Bild der Lebenssituation türkischer und türkischstämmiger MigrantInnen

zu zeichnen. Dabei ist anzumerken, dass sich die Darstellung und Beschreibung familialer, gesellschaftlicher und institutioneller Bedingungen auf die für den empirischen Teil der Arbeit bedeutsamen Aspekte und Rahmenbedingungen beschränkt.

2.1.1 Von einer Einwanderungspolitik zur Integrationspolitik: Der lange Weg türkischer Einwanderung nach Deutschland

Obwohl Migration und ihre Folgen bereits seit Jahrzehnten eine viel diskutierte Thematik in der Bundesrepublik darstellen, brauchte es über ein Jahrzehnt, bis Deutschland auch auf politischer Ebene die demographische Wirklichkeit Anerkennung fand. Die Einsicht, dass die Vorstellung einer homogenen Nation eines industriellen Nationalstaates der Vergangenheit angehörte, vollzog sich zu einem Zeitpunkt, an dem der gesellschaftliche Transformationsprozess bereits vorangeschritten war (Badawia/ Hamburger/ Hummrich 2003: 7). Nach dem Zweiten Weltkrieg ist Deutschland innerhalb Europas das zahlenmäßig bedeutendste Einwanderungsland geworden (Joppke 1999 zit. in: Diehl 2002: 113f). Als in den 1960er Jahren verschiedene Verträge mit den Mittelmeerstaaten zur Anwerbung ausländischer Arbeitskräfte zur Stärkung der deutschen Wirtschaft geschlossen wurden, ging zum damaligen Zeitpunkt keiner der Beteiligten von einer dauerhaften Migration aus. Auf deutscher Seite stand die Bedarfsdeckung an Arbeitskräften im Vordergrund. Auf entsendender Seite war es wiederum vorrangig das Ziel, die eigene Wirtschaft zu entlasten und später von Remittenden und dem im Ausland erworbenen Know-How zu profitieren.

Heute leben bereits die dritte und vierte Generation türkischer Abstammung in Deutschland, beginnt man bei der ersten „Pioniergeneration" der 60er Jahre. Nach dem letzten Mikrozensus 2005 leben heute 2,792 Millionen Menschen türkischer Abstammung in Deutschland und machen etwa 3,4% der Gesamtbevölkerung aus.

Ca. 415.000 von ihnen sind eingebürgerte Deutsche (Statistisches Bundesamt Mikrozensus 2005).

Als das Abkommen zur Anwerbung türkischer Arbeitskräfte für den deutschen Arbeitsmarkt 1961 geschlossen wurde, waren etwa 500.000 offene Stellen in Deutschland gemeldet. Der Mauerbau verhinderte außerdem den Zuzug von Arbeitskräften aus der DDR und die geburtenschwachen Kriegsjahrgänge konnten den inländischen Arbeitskräftebedarf nicht decken (Şen 2007). Für die MigrantInnen bedeutete dies, die Aussicht auf vergleichsweise bessere Verdienstmöglichkeiten in der Bundesrepublik, um sich zu einem späteren Zeitpunkt eine Zukunft und eine eigene Existenz im eigenen Land aufbauen zu können. Die Mehrzahl der türkischen Arbeitskräfte stammt ursprünglich aus dem Süden und Osten der Türkei, die wirtschaftlich als extrem unterentwickelt galten (Şen 1994: 12). Viele der MigrantInnen durchlebten zunächst eine Binnenmigration aus den ländlich geprägten Gebieten der Türkei in Großstädte wie Istanbul, Ankara oder Izmir, die ihre Einwohnerzahlen in wenigen Jahren vervielfachten. In dieser ersten „Gastarbeiterphase" (Bukow/ Heimel 2003: 15) wurde weder von Seiten der Migranten noch von den Industriebetrieben von einer dauerhaften Migration ausgegangen, sondern im Gegenteil, die Situation wurde zunächst als „Provisorium" betrachtet. Die schleppend voranschreitende wirtschaftliche Entwicklung der Türkei bremste jedoch das Remigrationsbestreben vieler MigrantInnen. Mit dem Anwerbestopp 1973, ausgelöst durch den explodierenden Ölpreis und die beginnende Rezession, verbot die Bundesregierung ArbeitsmigrantInnen aus Nicht-EG-Ländern die erneute Einreise, was zur Folge hatte, dass sich türkische MigrantInnen nun verstärkt dazu entschieden, ihre Familienangehörigen nachzuholen (Hunn 2004). Bis zu diesem Zeitpunkt setzten sich die türkischen Arbeitsmigranten überwiegend aus männlichen Arbeitskräften zusammen. Anwerbestopp und verwehrte Rückkehroptionen, sowie auch die Abkehr der deutschen Wirtschaft vom „Rotationsprinzip", brachte viele der Arbeitsmigranten dazu, sich auf eine längere Zeit in der Bundesrepublik einzurichten. Von der Möglichkeit des Familiennachzuges machte vor allem die türkische Wohnbevölkerung Gebrauch. Da nun auch die rechtlichen Voraussetzungen für eine vorübergehende Rückkehr der Arbeitsmigranten fehlten, verfehlten die Prognosen der Bundesregierung, was die Rückkehrquoten in die Nicht-EG-Länder betraf, ihre Voraussagen. Zwar sanken zunächst die Zahlen der erwerbstätigen Ausländer von 1973 bis 1979 von 2,6 Millionen auf 1,8 Millionen, danach aber begann die Zahl der in Deutschland lebenden Ausländer zu steigen (Herbert 2001: 232ff).

Dennoch begriff sich die Mehrzahl der Migranten nicht als Einwanderer, was neben ihrer unsicheren Beschäftigungssituation „primär mit der bundesdeutschen Ausländerpolitik" zusammenhing (Hunn 2004). Zum einen waren die ausländischen Arbeitskräfte infolge der Rezession und der industriellen Strukturkrise, insbesondere im Bereich der Metall- und Stahlproduktion sowie in Bau- und Textilindustrie Mitte der 70er Jahre, erstmalig von Arbeitslosigkeit betroffen. Zum anderen schwankte die Bundesregierung nach Hunn (2004) zwischen „kontraproduktiven Begrenzungs- und halbherzigen Integrationsmaßnahmen", die nicht nur das Konzept des „Gastarbeiters" lebendig hielten, sondern ebenfalls die Vorstellung, dass Deutschland einen ethnisch homogenen Nationalstaat darstellte. Ziel war es einerseits, die Zahl der Zuzüge weitgehend zu begrenzen und auch die Ausländerzahlen durch Förderung von Rückkehrwünschen und der Aufrechterhaltung von kulturellen Bindungen zum Heimatland weiter zu senken. Andererseits erfolgte in den späten 70er Jahren erstmalig die politische Auseinandersetzung mit einem Konzept der „Ausländerbeschäftigungspolitik", die eine zeitweilige Integration der Arbeitsmigranten und ihrer Familien vorsah (Herbert 2001: 234f).

In der gesellschaftlichen Öffentlichkeit wandelte sich der „Gastarbeiter" zum „Ausländer" (Bukow/ Heimel 2003: 17). Hauptthemen in der Öffentlichkeit waren Schule, Sprache und Remigration, da sich Forschung und Politik nun vermehrt auf die Kinder der Gastarbeiter konzentrierten (Buckow/ Heimel 2003: 16). Diese Themen wichen alsbald der Thematik der Fremdheit zu der autochthonen Bevölkerung und Ethnizität der (türkischen) Migranten, was ebenfalls einen Teil dazu beitrug, die Forderung nach der Rückkehr der Migranten zu legitimieren. Formell geschah dies mit der Verabschiedung des Rückkehrförderungsgesetzes 1983, die Auswirkungen fielen allerdings „quantitativ bescheiden" aus (Hunn 2004).

Mit den 90er Jahren begann die Zeit einer repressiven Ausländerpolitik, die ihren Fokus auf die Zuzugsbegrenzung von Asylbewerbern legte (Buckow/ Heimel 2003: 19/ Hunn 2004). Für die in Deutschland befindlichen Migranten wurden 1990 mit dem neuen Ausländergesetz wichtige rechtliche Rahmenbedingungen beschlossen, unter anderem die Reform des auf Abstammung beruhenden Staatsangehörigkeitsrechts. Gleiche Rechte und Chancen der Bevölkerung mit Migrationshintergrund allerdings sind noch nicht zu verzeichnen. Die damalige Konzeption des Staatsbürgerschaftsrechts ging mit der Vorstellung einher, dass

> „(…) die Zugehörigkeit zum deutschen Volk etwas gewachsenes sei, das nicht durch eine Willensentscheidung erfolgen könne. (…) Um von Zugehörigkeit sprechen zu können, und um Staatsbürgerschaft und damit die offizielle Anerkennung dieser Zugehörigkeit zu erwerben, müssen bestimmte kulturelle und sprachliche Assimilationsprozesse bereits stattgefunden haben, die dann nachträglich durch die Staatsbürgerschaft auch rechtliche Gestalt annehmen können." (Diehl 2002: 113)

Die derzeitige Rechtslage sieht vor, dass in Deutschland geborene Kinder von MigrantInnen bei der Geburt die deutsche Staatsbürgerschaft erhalten, die allerdings eine zeitlich befristete Option bleibt. Spätestens bei Erreichen des 23. Lebensjahres muss sich für *eine* Staatsbürgerschaft entschieden werden. Erleichtert wurde die Einbürgerung, indem die erforderliche Aufenthaltsdauer auf acht Jahre verkürzt worden ist (Diehl 2002: 113ff). 2007 ließen sich 28.861 Türken und Türkinnen einbürgern, 13,6% weniger als im Jahr zuvor (Statistisches Bundesamt 2008).

Betrachtet man den rechtlichen Status der in Deutschland lebenden Migranten, so ist es sinnvoll zwischen *Individualrechten*, die Migranten als Individuen zustehen, und *Kollektivrechten*, die ihnen als Gruppe zustehen, zu unterscheiden.

Auf der Ebene der Individualrechte beschränkt sich die Gleichheit zwischen Deutschen und Einwanderern auf die als Menschenrechte formulierten Rechte des Grundgesetzes. Versammlungsfreiheit, das Recht, Vereine und Gesellschaften zu bilden, sind hingegen als Bürgerrechte formuliert und gelten nur für deutsche Staatsbürger (Diehl 2007: 116ff). Das Wahlrecht bleibt ebenso deutschen Staatsbürgern vorbehalten[2]. Der Versuch der Landesregierungen von Hamburg und Schleswig-Holstein, das kommunale Wahlrecht für Ausländer einzuführen, wurde 1990 durch das Bundesverfassungsgericht als verfassungswidrig erklärt. Trotz der Unterschiede hinsichtlich zentraler politischer Rechte, darf nicht übersehen werden, dass dem Schutz der Individualrechte generell eine große Bedeutung zukommt, die damit auch die rechtliche Lage der Einwanderer in Deutschland prägen (Diehl 2007: 116ff).

Unter die Individualrechte fällt auch der Schutz vor staatlichen Einschränkungen der Ausübung der Herkunftskultur, wie zum Beispiel einer jungen Türkin mit Verweis auf das Grundgesetz das Recht zugesprochen wurde, dem koedukativen Sportunterricht fernzubleiben. In der Bundesrepublik gilt die *individuelle* Bindung an bestimmte Verhaltensregeln als ausschlaggebend. Kulturelle Eigenheiten der Migranten*gruppen* werden in der Regel nicht zum Ausgangspunkt für die Erteilung von Rechten genommen (Diehl 2007: 119).

Unter die Kollektivrechte für Einwanderer fallen nach Bauböck (1997 zit. in Diehl 2007: 122f) insbesondere Rechte auf öffentliche Ressourcen zur Unterstützung kultureller Reproduktion, kollektiver Schutz vor Diskriminierung und besondere Formen der politischen Repräsentation. Allerdings gibt es in Deutschland keine Ansätze und nach Diehl auch keine rechtliche Grundlage, diese Rechte durchzusetzen. In den meisten Fällen können höchstens Individualrechte durch Einzelne eingeklagt werden. Wichtige Beispiele aus diesem Bereich sind hier die Rechte, private oder ethnische Schulen mit staatlicher Unterstützung zu gründen oder Un-

---

[2] Einzige Ausnahme bilden dabei Einwanderer aus EU-Ländern, die kommunales Wahlrecht genießen und an den Wahlen zum Europaparlament teilnehmen dürfen (Diehl 2007: 117).

terricht in der Muttersprache anzubieten. Oftmals beruhen diese Rechte jedoch auf der Auslegung der Religionsfreiheit oder auf dem reinen Freiheitsrecht. Es bleibt bei einzelnen Regelungen. Auch staatliche Anstrengungen, Maßnahmen zur Bewahrung der Herkunftskulturen zu fördern, sind nur ansatzweise vorhanden. Das Modell „Unterricht in der Muttersprache" stammt oftmals aus den 70er und 80er Jahren und stellt aus rechtlicher Sicht ein Relikt der provisorischen Übergangsregelung dar.

Heute dreht sich die politische Diskussion um die Integration von Migranten und Migrantinnen. Im November 2008 fand der vorerst letzte Integrationsgipfel auf Einladung der Bundeskanzlerin Angela Merkel statt. Bund, Länder, Kommunen und zivilgesellschaftliche Akteure verpflichteten sich zu Integrationsmaßnahmen und zogen eine erste Zwischenbilanz des 2007 verabschiedeten Nationalen Integrationsplanes. Folgende Themen bilden die Schwerpunkte:

- Die Angebote von Integrationskursen sollen verbessert und ausgebaut werden.
- Frühe Sprachförderung soll weiter ausgebaut werden.
- Bildung, Ausbildung und Arbeitsmarkt bilden je eigene Themenschwerpunkte.
- Die Situation von Frauen und Mädchen soll gestärkt werden. Ihnen kommt laut Integrationsplan eine Schlüsselfunktion zu.
- Kommunale Integrationsmaßnahmen sollen unterstützt und weiter ausgebaut werden.
- Zivilgesellschaftliches Engagement soll das Integrationsbemühen auf allen Ebenen unterstützen.

2.1.2 Lebenswelten im Wandel der Generationen

In diesem Abschnitt werden die persönlichen Rahmenbedingungen der türkischen und türkischstämmigen MigrantInnen in Deutschland näher betrachtet. Aufgrund der durchaus heterogenen Lebenssituationen türkischer MigrantInnen in Deutschland kann dies nur als erste grobe Annäherung verstanden werden. Bevor mit der Beschreibung der familialen Lebensbedingungen begonnen wird, soll die Verwendung der Begriffe *Zweiter* und *Dritter Generation* genauer definiert werden.

Der Begriff *Zweite Generation* wurde in den 70er Jahren geprägt und diente der Bezeichnung der „Gastarbeiterkinder", deren Eltern damit also die *Erste Generation* darstellten. „Zweite Generation" sagte zunächst nur, dass die Entscheidung zur Migration von den Eltern, und nicht von den Mitgliedern der besagten Generation selbst getroffen wurde (Behrendt 2000: 61).

Aus den USA ist das Konzept der sogenannten *race-relations-circle* bekannt, welches grob skizziert besagt, dass die erste Generation nur bedingt die Sprache des Aufnahmelandes erlerne und unter sich bleiben würde. Die zweite Generation hingegen passe sich der Aufnahmegesellschaft stark an, distanziere sich kulturell von den Eltern und verweigere auch deren Sprache und Sitten. In der folgenden dritten Generation schließt sich der Kreis mit einem *ethnic revival* oder *ethnic retention*, bei dem Sprache und Sitten der Großeltern wiederbelebt und bewusst gepflegt werden (Behrendt 2000:61).

Die Verwendung der Begrifflichkeiten vor dem Hintergrund des *race-relations-circle* würde aber voraussetzen, dass man *Erste*, *Zweite* oder *Dritte Generation* immer nur im Hinblick auf konkrete Familien anwenden kann, unabhängig davon, in welchem Jahrzehnt die Migration des ersten Mitgliedes dieser Familie erfolgt ist. Ich verwende die Begriffe basierend auf der Zählung der Pioniergeneration der 60er Jahre.

Auch bedarf der *race-relations-circle*, insoweit er überhaupt auf europäische Verhältnisse übertragbar ist, einer Korrektur, denn die Zweite Generation in der Bundesrepublik Deutschland hat selbst intensive Erfahrungen mit dem Herkunftsland, auch wenn sie selbst keine Pioniergeneration ist (Behrendt 2000: 62). Eine Migration in die Türkei stellt für sie durchaus eine Option dar, wobei sie sich gleichzeitig einen „substantiellen Bestand an Fertigkeiten" (Behrendt 2000: 62f) in der hiesigen Gesellschaft angeeignet haben. Zwar ist der überwiegende Lebensmittelpunkt in Deutschland zu suchen, gleichwohl werden in mehr oder weniger regelmäßigen Abständen Zeiträume im Herkunftsland der Familie verbracht.

Jede bzw. jeder Siebte mit einem türkischen Migrationshintergrund ist im Ausland geboren worden. Der Großteil der jungen türkischen Bevölkerung (87%) ist jedoch in Deutschland geboren (Bildungsbericht Migration 2008: 144).

MigrantInnen aus den Hauptanwerbeländern der Bundesrepublik wohnen zu 80% in Städten mit mehr als 100.000 Einwohnern (Bremer 1999: 145). In den Städten sind es wiederum bestimmte Räume in denen überdurchschnittlich viele Zuwanderer leben. Dabei wird je nach Perspektive über den Isolations- („Ghettoisierung") oder den Integrationscharakter („Binnenintegration") solcher *ethnic communities*[3] gestritten. In der Migrations- und Sozialforschung gilt die Annahme, dass es einen Zusammenhang gibt zwischen „dem Ausmaß der residentiellen Segregation einer Bevölkerungsgruppe und den Integrationschancen" (Bremer 1999: 146). Dabei besteht ein Zusammenhang zwischen der Entwicklung einer „ausländerspezifischen Infrastuktur" (Bremer 1999: 149) und segregierten Wohn- und Lebenswelten. Es gilt, zwischen den ambivalenten Bewertungsmustern über die Entstehung der *ethnic communitites* zu unterscheiden. Zum einen wird argumentiert, dass ethnische Segregation „in aller Regel mit Benachteiligungen im infrastrukturellen Bereich und der schulischen Sozialisation kovariieren" (Esser 1986: 112). Auf der anderen Seite gilt das Argument, dass die *ethnic community* den MigrantInnen ein „mehr oder weniger alle Bedürfnisse abdeckendes institutionelles und soziales

[3] An dieser Stelle wurde bewusst auf die Verwendung des engl. *community* zurückgegriffen, da m.E. die deutsche Übersetzung „Gemeinschaft" nicht alle Facetten der englischen Begriffsfassung wiedergeben kann. Dabei bezieht sich der Begriff der *community* nicht auf einen geografisch eingrenzbaren Bereich, sondern beschreibt alle „social interactions that can occur within or transcended local boundaries" (Nettles, 1991: 380). In den Begriff der *community* sind Organisationen und auch lokal ansässige Unternehmen inbegriffen.

Netz“ (Bremer 1999: 148) bietet. Dahinter können sich Strukturen der Selbsthilfe entwickeln und eine sogenannte *pressure-group* konstituieren, die bestimmte Interessen erst formuliert und verhandelbar macht (Elwert 1982 zit. in Bremer 1999: 148). Für viele der türkischen Migrantenfamilien ist das Leben in einer *ethnic community* Alltagsleben und sollte bei der Betrachtung und weiteren Konzeption schulischer Maßnahmenpakete nicht außer Acht gelassen werden.

Aussagen über kulturelle Gewohnheiten und Verhaltensweisen von Zuwanderern lassen die meisten Datensätze nur ansatzweise zu. Eines der bekanntesten Tools ist das Sozioökonomische Panel (SOEP)[4], welches unter anderem nach Gewohnheiten in Bereichen wie Lektüre, Essgewohnheiten und Musikkonsum fragt. Dennoch ist es schwierig, allgemein gültige Aussagen zu treffen. Die Abfrage von Gewohnheiten lässt keine Rückschlüsse auf Verhaltensweisen zu, da nicht Gewohnheiten, sondern kulturelle *Kenntnisse* Interpretation und Bedienung von Verhaltenserwartungen ermöglichen (Diehl 2002: 101). Geht es nach den Daten des SOEP, so lässt sich feststellen, dass türkische Einwanderer deutlich häufiger rein ethnisch-kulturelle Gewohnheiten (zum Beispiel das Lesen türkischer Lektüre, türkisch kochen, Hören türkischer Musik) ausüben als alle anderen Zuwanderergruppen (Diehl 2002: 102f). Ebenfalls im Rahmen des SOEP erfasst sind die Sprachkenntnisse. Als „klassischer“ kultureller Indikator weisen die Deutschkenntnisse nur noch wenig Varianz für die zweite Generation auf. Nichts desto trotz geht aus den gleichen Daten hervor, dass gut ein Fünftel der türkischen Zuwanderer, aber nur ein knappes Zehntel der anderen Migrantengruppen eher schlechtes oder gar kein Deutsch sprechen (Diehl 2002: 103). Unterschiede ergeben sich auch für die Sprachverwendung innerhalb der Familie. Während in der DJI-Jugendstudie 1997 Eltern und Kinder mehrheitlich angaben, dass sie in der

---

[4] Das SOEP wird seit 1984 jedes Jahr vom Deutschen Institut für Wirtschaft (DIW) in Auftrag gegeben. Dabei werden nur Personen befragt, die in einem deutschen oder zugewanderten Haushalt leben und zum Erhebungszeitpunkt mindestens 16 Jahre alt sind, befragt. Ein Auswahlkriterium ist dabei die Zugehörigkeit zur Gruppe der im Zuge der Anwerbephase als „Gastarbeiter“ immigrierten Türken, Spanier, Italiener, Griechen oder MigrantInnen aus den Gebieten des ehemaligen Jugoslawiens. In den Datensätzen von 1997 bis 1999 wird die Gruppe der türkischen Einwanderer mit der anderer Nationalitäten verglichen.

Herkunftssprache miteinander kommunizieren würden, wird unter Geschwistern überwiegend auf die deutsche Sprache zurückgegriffen (Nauck 2007: 23).
Bei der Betrachtung der Familiensituation kommen auch *kulturspezifische Aspekte* zum Tragen. Windle schreibt in seiner 2008 (85) erschienenen Dissertation:

> "It is unsurprising that Turkish Parents focus on traditional markers of educational hierarchy such as discipline, respect, role learning, and homework. (...) By contrast, schooling in Turkey at least into the 1980s followed a high level of national uniformity, included corporal punishment, a national uniform, classes of 50 to 60 students, a national curriculum and examinations between year levels, with one chance in ten of getting into an 'academic' high school".

Vor der Anwendung von Stereotypen sei dennoch gewarnt. Gölbol (2007: 40) fügt dem Diskurs hinzu, dass selbstverständlich „rigide/autoritäre Erziehungseinstellungen existieren [...], ob jedoch alle Kinder durch ihre türkischen Eltern ihre traditionellen Rollen- und Autoritätshierarchien vermittelt bekommen, ist anzuzweifeln". Vielfach wird von einem traditionellen und in einem engeren Sinne religiös begründeten Erziehungsverhalten ausgegangen, mit dem dann die Sozialisationsleistungen innerhalb der Migrantenfamilien beschrieben werden (Gölbol 2007: 40ff). Dabei sind es vor allem auch *migrationsbedingte Veränderungen*, die einen Wandel in Erziehungsstrukturen und Verhalten mit sich bringen. Auch veränderte soziale, aber auch sozioökonomische Bedingungen, wie Beschäftigungsstrukturen etc. berühren und verändern die traditionellen Familienstrukturen. Eine steigende Zahl berufstätiger Frauen und eine stärkere Einbindung von Vätern in Kinderbetreuung und -erziehung sind vor allem bei den jüngeren Generationen ein Zeichen, dass traditionelle, geschlechtsspezifische Erziehungsmuster an Bedeutung verlieren (Gümen/ Herwarz-Emden/ Westphal 1994: 78 zit. in Gölbol 2007: 42). Gölbol (2007: 42) schreibt:

> „Aufgrund ihrer Abhängigkeit von verschiedenen Faktoren wie z.B. der Ausprägung familialer Religiosität, des städtischen/ ländlich geprägten Lebensraumes oder dem Bildungsstand der Eltern, sollten Erziehungsstile als überaus heterogen betrachtet werden".

Urbanisierungsprozesse und gesellschaftlicher Wandel sorgen gemeinhin für eine Abkehr vom Prinzip der Großfamilie, wie es aus dem traditionellen dörflichen Leben in der Türkei des letzten Jahrhunderts bekannt ist. Die Familienformen unterliegen dabei auch strukturellen Veränderungen, wie sie sich auch bei anderen gesellschaftlichen Gruppen in Deutschland beobachten lassen. Dabei ist die Kernfamilie zur allgemein vorherrschenden Familienform geworden. Die Familienangehörigen stehen dabei in einem engen Abhängigkeitsverhältnis zueinander, das durch eine starke emotionale Bindung (Familialismus) charakterisiert ist (Herwartz-Emden 1995: 43ff; Nauck 1990; Gölbol 2007: 41ff).

Bei der Geschlechterrollenorientierung lässt sich ein Wandel feststellen, der allerdings nicht „den gleichen Mustern folge wie in den westlichen Industriestaaten üblich" (Gölbol 2007: 44). Dieser Wandel äußert sich in gleichen elterlichen Erwartungen hinsichtlich des Bildungserfolges und zeigt sich auch bei der elterlichen Unterstützung. Die Vereinbarkeit von Familie und Beruf ist zum selbstverständlichen Lebenskonzept vieler Frauen türkischer Herkunft geworden. Die vielfach vorzufindenden hohen Bildungsaspirationen sind als Aufstiegsorientierung anzusehen und nicht im Sinne einer Anpassung oder Assimilation an das Gastland zu verstehen (Gölbol 2007: 44f). Nicht immer können jedoch die hohen Bildungsaspirationen von den Familien umgesetzt werden.

2.2 Kinder und Eltern mit türkischem Migrationshintergrund im deutschen Schulsystem

In diesem Kapitel werden die Besonderheiten des deutschen Schulsystems und speziell die Situation der türkischen Eltern und SchülerInnen beschrieben. Abschließend werden konkrete Konzepte und Projekte im Umgang mit Migranteneltern und -kindern vorgestellt.

2.2.1 Strukturen und Entwicklungen im deutschen Schulsystem

Die gegenwärtige Struktur des deutschen Bildungswesens geht auf den Beginn des 20. Jahrhunderts zurück. Heute ist das Bildungssystem einer Vielzahl an Veränderungen ausgesetzt, deren Verlauf und Ende noch nicht absehbar sind. Es lassen sich jedoch Trends und bildungspolitische Standpunkte skizzieren, die die aktuelle Bildungsdebatte charakterisieren.

Bildung in Deutschland obliegt der Länderhoheit. Das heißt, aufgrund seiner föderalistischen Struktur unterliegt die Bildungsgesetzgebung und -verwaltung verfassungsmäßig in erster Linie den 16 Bundesländern. Demzufolge ergeben sich Unterschiede zwischen den Bundesländern. Die Bundesregierung hat bildungspolitisch nur begrenzt und indirekt Einflussmöglichkeiten (Cortina *et al.* 2003: 24/ BMBF GuS 2008: 7). Auch der wachsende Einfluss der Europäischen Union darf bei einer ganzheitlichen Betrachtung nicht unbeobachtet bleiben.

Einzelnen Gemeinden sind nur begrenzte Handlungsspielräume zugeschrieben, während einzelnen Schulen zwar durch staatliche Regelungen klar begrenzte, aber zunehmend erweiterte Freiräume eingestanden werden (Cortina *et al.* 2003: 25). Innerhalb dieser Freiräume sind den Schulen, was die Einrichtung und Durchführung eigener Projekte angeht, größere Handlungsspielräume zugestanden. Es wird deutlich, dass Maßnahmen und Angebote, zum Beispiel die Einrichtung bilingualen Unterrichts, in der Regel vom Ermessenspielraum und Initiativen der Schule, Schulleitung, Lehrern und Eltern abhängig sind. Hier greifen weniger landes- oder bundesweite Maßnahmen. Beispiele werden unter 2.2.3 vorgestellt.

Bei der Betrachtung des gesamten Schulsystems dürfen diese Akteursebenen keinesfalls außer Acht gelassen werden. Unbedingt beachtenswert ist ebenfalls die heterogene demografische Zusammensetzung der Schülerschaft. In den Neuen Bundesländern liegt der Anteil der unter 25-Jährigen mit Migrationshintergrund bei gerade 8%, während er in einigen Regionen im Westen Deutschlands und in Berlin bis zu 50% und mehr beträgt (Bildungsbericht 2008: 11; Bildungsbericht 2006: 143). Allgemein ist der Migrantenanteil bei jungen Menschen sehr viel höher als an der Gesamtbevölkerung (Bildungsbericht 2006: 143). Insgesamt weist mehr als ein Viertel (entspricht in etwa 6 Mio. Menschen) der für das Bildungssystem relevanten unter 25-jährigen einen Migrationshintergrund auf (Bildungsbericht 2006: 142). Sowohl auf regionaler als auch auf Städtebene kommt es zu einer unterschiedlichen Verteilung der SchülerInnen mit Migrationshintergrund, sodass sie in manchen Stadtvierteln und an manchen Schulen die Mehrheit stellen[5]. Charakteristisch für das deutsche Schulsystem sind die bis zu fünf getrennt nebeneinander existierenden Schularten im Sekundarbereich I. Mit der Übergangsentscheidung am Ende der Grundschule erfolgt die weitere Aufteilung auf die verschiedenen Schularten. Neben der „klassischen" Gliederung (Hauptschule, Realschule, Gymnasium) gibt es kooperative und integrierte Gesamtschulen sowie Mittelschulen (Arbeitsgruppe internationale Vergleichstudie 2007: 63). Zwar besucht die Mehrzahl der SchülerInnen und StudentInnen staatliche Bildungseinrichtungen, aber der Anteil an privaten Schulen ist in den letzten drei Jahren um 25% gestiegen und hat sich auf über 3000 Schulen im Schuljahr 2006/07 erhöht. Der Anteil der SchülerInnen an privaten Schulen im Primarbereich lag 2005 bei 3,1%, in der Sekundarstufe I bei 7,6% (BMBF Grund- und Strukturdaten 2008: 7). So spielen die privaten Schulen vor allem im Gymnasialbereich eine zunehmend größere Rolle, und auch im Förderschulbereich ist die Zahl der Freien Trägerschaften bemerkenswert gestiegen (17% der Förderschüler-Innen nutzen private Anbieter) (Bildungsbericht 2008: 65)[6]. Auch auf dem Grundschulsektor ist eine Zunahme privater Anbieter zu verzeichnen. Die wichtigsten Trägerorganisationen sind die beiden großen deutschen Kirchen (Cortina *et al.* 2003: 208ff).

---

[5] Beispiele sind einmal die Albert-Schweitzer-Grundschule in Hannover-Linden mit einem Migrationsanteil von über 85% (Schulschätzung), die in diesem Jahr den Niedersächsischen Integrationspreis gewonnen hat und zum anderen zwei der besuchten Schulen in der Stadt Lehrte (Grundschule Lehrte) und Hannover-Linden (IGS Linden), an denen SchülerInnen mit Migrationshintergrund nach Schulschätzungen bis zu 45% der Schülerschaft ausmachen.

[6] An dieser Stelle sind stellvertretend für andere Einrichtungen, die von mir besuchten privaten Einrichtungen, wie das VIB Gymnasium, Hannover, das mittlerweile auch eine Realschulstufe unterhält und die VIB Akademie zu nennen, die auf Initiative türkischer Eltern ins Leben gerufen wurden. Auf beide Einrichtungen und ihre Bedeutung unter gesellschafts- und bildungspolitischen Entwicklungsaspekten wird in 2.2.3. eingegangen.

Größere Herausforderungen für das Schulwesen sind die Forderungen nach mehr Autonomie der öffentlichen Schulen und mehr Leistungs- und Output-Orientierung, wobei die Schulen in erster Linie als Wirtschaftsbetriebe verstanden werden (Richter 2003: 36; Althaus 2006: 7ff). Heute ist der Glaube an Begabungsunterschiede im deutschen Schulsystem dominierend, durch die im mehrgliederigen System Schüler und Schülerinnen auf einen bestimmten Bildungsgang festgelegt werden (Lenhardt 1999, Auernheimer 2004). Auernheimer (2004) schreibt:

> „Bei uns in Deutschland ist die Grundauffassung leitend, dass Schülerleistung primär der Anstrengungsbereitschaft und den Fähigkeiten der Schüler und deren Elternhäusern zuzuschreiben sei".

Dieser Auffassung bringe bei einer einseitigen Fixierung den Effekt mit sich, dass die pädagogischen Bemühungen des Bildungssystems als nur bedingt einflussfähig gelten. Dabei besteht die Gefahr, Erfolg und Misserfolg als soziodeterministische Variante zu verstehen. Wirkliche Dynamik entstand durch die breite öffentliche Rezeption der Ergebnisse der beiden internationalen Vergleichsstudien der Dritten Internationalen Mathematik- und Naturwissenschaftsstudie der IEA (TIMSS) und des Programme for International Student Assessment der Organisation for Economic Cooperation and Development (OECD) im Jahr 2000. Die Vergleichstudien lösten ob des „wenig erfreulichen" (Cortina *et al.* 2003: 53) Abschneidens deutscher SchülerInnen ein ebenso großes Echo wie Beunruhigung aus.

Zentrale Resultate der ersten PISA-Vergleichstudie im Jahr 2000 offenbarten „grundlegende, nicht zuletzt strukturelle Schwächen" (Gogolin 2003: 33) des deutschen Schulsystems. Attestiert wurde nicht nur mangelnde Leistungsfähigkeit, sondern auch die starke Selektivität des deutschen Bildungssystems. Ins öffentliche Bewusstsein rückten vor allem Kinder mit Migrationshintergrund, die als vom Bildungssystem besonders benachteiligt ausgewiesen wurden. Von manchen Stellen wurde die Argumentation umgedreht und die Benachteiligung des Schulsystems auf den hohen Anteil von Kindern mit Migrationshintergrund zurückgeführt. Die Ergebnisse wurden also durchaus kontrovers diskutiert, lenkten aber auch den Fokus auf die lange Zeit bildungspolitisch wenig beachtete Gruppe der Schülerinnen und Schüler mit Migrationshintergrund. Zwar brachte die Bildungsexpansion in den 50er und 60er Jahren eine zunehmende Bildungsbeteiligung in allen Sozialschichten, „aber keinen umfassenden Abbau sozialer Ungleichheit von Bildungschancen" (Becker/Lauterbach 2004: 10; Blossfeld 1993). Als Indikator für die als „ungewöhnlich" (Auernheimer 2003: 8) bewertete Selektivität des deutschen Schulsystems gilt neben der frühen Übergangsentscheidung auch die Versetzungspraxis.

Die Sachverständigenkommission des Bundes versteht die Aufgabe des deutschen Bildungssystems in folgender Weise (2000:51):

> „Das Bildungssystem hat die Funktion, für eine, einem modernen Industrie- und Dienstleistungsstandort angemessene, Ausbildungsstruktur zu sorgen. Da nicht alle die gleiche Ausbildung haben können, hat das Bildungssystem auch eine Selektionsfunktion. Selektion muss aber das Prinzip der Chancengleichheit wahren."

Die Bundesregierung hat es sich zum Ziel gemacht, den Ausbau von Ganztagsschulen und -angeboten auszubauen. Mit diesem Beschluss ging allerdings auch die Diskussion um den erzieherischen Auftrag der Schule einher. Die Schule in der BRD ist üblicherweise noch immer eine Halbtagsschule, die Halbtagsunterricht und Halbtagsbetreuung bietet. Das erfordert allerdings auch die Betreuung durch mindestens ein Elternteil oder andere Familienmitglieder oder zieht die Inanspruchnahme von kostenpflichtigen Betreuungsstätten bei Vollzeit-Berufstätigkeit nach sich.

Diese Grundsatzfragen gehen entweder von der Überzeugung aus, dass Schule Einfluss auf gesellschaftliche Prozesse ausüben kann oder aber kritisieren diese Position und weisen der Schule allenfalls kompensatorische Funktionen zu. Bildungspolitik passiert so oder so immer in einem Spannungsfeld verschiedener Einflüsse und Interessengruppen. Dabei darf nicht übersehen werden, dass zentrale Elemente des Bildungswesens auf Wertentscheidungen beruhen, über die gesellschaftlicher Konsens besteht bzw. hergestellt werden muss (Cortina *et al.* 2003: 46).

2.2.2 Zur Bildungssituation der türkischen MigrantInnen Zweiter und Dritter Generation

> „Schule ist eine Institution, die Lebenschancen verteilt"
> (Schelsky 1965: 137).

Zumindest hinsichtlich der Schlüsselfunktion, die dem Bildungssystem nach dem Zitat von Helmut Schelsky zukommt, herrscht in Politik und Wirtschaft Einigkeit. Die schulische Wirklichkeit hingegen bietet größeren Diskussionsraum und das schlechte Abschneiden von Kindern und Jugendlichen aus Migrantenfamilien in den großen Schulleistungsstudien (siehe 2.2.1) hat aktuell wieder für mediales Echo gesorgt[7]. Wie ist es nun aber tatsächlich um die Bildungssituation von türkischen und türkischstämmigen Kindern und Jugendlichen bestellt?

Differenziert man nach aktueller oder früherer Staatsangehörigkeit, so ergibt sich in allen Altersgruppen ein hoher Anteil an MigrantInnen aus der Türkei, den ehemaligen Anwerbestaaten und der Gruppe der sogenannten Spätaussiedler. Insgesamt haben in der Altersgruppe der 0-16jährigen Kinder und Jugendlichen mit einem türkischen Migrationshintergrund einen Anteil von 6,9% (Bildungsbericht 2006: 143). MigrantInnen der ersten Generation haben in Abhängigkeit ihres Zuwanderungsalters überwiegend ihre Schulbildung in ihrem Heimatland erfahren, während ein großer Teil der zweiten und dritten Generation deutsche Bildungsstätten besucht und hier auch ihre Schul- und Berufsabschlüsse erworben hat.

[7] Es sei an dieser Stelle kurz auf die Argumentation eingegangen, dass SchülerInnen aus Migrantenfamilien für das schlechte Abschneiden Deutschlands in den internationalen Schulleistungsstudien verantwortlich zu machen seien. Zum einen haben in Australien und Kanada, die beide wesentlich höhere Anteile an SchülerInnen mit Migrationshintergrund als in der BRD aufweisen, SchülerInnen mit Migrationshintergrund gleiche Leistungen gezeigt wie einheimische Kinder. Zum anderen zeigten Schüler in Deutschland auch in solchen Bundesländern schlechte Leistungen, die einen geringen Anteil an Schülern mit Migrationshintergrund aufweisen (Diefenbach 2007: 11).

Die Situation von Schülern und Schülerinnen im Bildungssystem lässt sich über eine Vielzahl an Indikatoren beschreiben. Für eine umfassende Darstellung müssten neben individuellen Merkmalen wie der Zufriedenheit im Schulalltag auch strukturelle Vorgaben wie etwa der Bildungsetat pro SchülerIn Berücksichtigung finden (Diefenbach 2007: 13). Für gewöhnlich finden jedoch Indikatoren wie die Bildungsbeteiligung, Schulleistungen und der Bildungserfolg Eingang in die Bildungsforschung. Die Mehrheit der amtlichen Bildungsstatistiken unterscheidet lediglich zwischen SchülerInnen mit deutscher oder nichtdeutscher Staatsbürgerschaft, deshalb ist es nicht einfach, verbindliche Aussagen über Schüler mit Migrationshintergrund zu treffen. Erst in Statistiken jüngeren Datums werden über Attribute wie Herkunft der Eltern und Großeltern oder die in der Familie gesprochene Sprache Rückschlüsse auf einen Migrationshintergrund möglich.

Unter den ausländischen Schülern machen Türken die größte Gruppe aus. Ihre Zahl ist seit 1992 kontinuierlich von 359.692 auf 417.166 im Jahr 2000 angestiegen und entspricht zu diesem Zeitpunkt 43,9% der ausländischen Schüler (Diefenbach 2007: 44ff). Beachtet werden sollte nicht nur ihre Konzentration auf verschiedene Bundesländer, die sich weiter regional und innerhalb von Stadtteilen deutlich fortsetzt, sondern auch die Verteilung auf verschiedene Schulformen.

Aus beiden Bildungsberichten der Bundesregierung (2006: 151; 2008) geht hervor, dass Schüler ohne Migrationshintergrund sowie Schüler aus anderen Staaten als den ehemaligen Anwerbestaaten und der ehemaligen Sowjetunion vor allem in Realschulen und Gymnasien anzutreffen sind, während Schüler mit mindestens einem Elternteil aus der Türkei vornehmlich Haupt- und Realschulen besuchen. Fast 50% der türkischen Schüler und Schülerinnen besuchen eine Hauptschule und gut 10% ein Gymnasium (*Tab. 1.*) Außerdem ließ sich für Schulen mit Ganztagsbetreuungsangeboten ein überdurchschnittlich hoher Migrantenanteil von 30,7% feststellen (gilt für die 9. Jahrgangsstufe; Bildungsbericht Migration 2006: 169).

Tab. 1: Migrantenanteil in den Schularten der Jahrgangsstufe 9 nach Herkunftsregion im Jahr 2000 (Bildungsbericht 2006: 152)

Migrationshintergrund/ Herkunftsgruppe	**15-jährige nach Bildungsgang (%)**			
	HS	**RS**	**IGS**	**GY**
Ohne Migrationshintergrund	16,6	38,6	11,6	33,2
Mit Migrationshintergrund	31,8	29,7	14,0	26,6
davon:				
Türkei	48,3	22,1	17,0	12,5
Sonstige ehemalige Anwerbestaaten	30,0	31,4	13,6	25,1
(Spät-)Aussiedler (ehem. Sowjetunion)	38,4	33,6	9,8	18,2
Sonstige Staaten	20,5	29,3	15,5	34,6
HS = Hauptschule; RS = Realschule; IGS = Integrierte Gesamtschule; GS = Gymnasium				

Für SchülerInnen mit Migrationshintergrund besteht ein viermal höheres Risiko, in den Jahrgangsstufen 1-3 nicht versetzt zu werden als bei MitschülerInnen ohne Migrationshintergrund (Bildungsbericht Migration 2006: 152). Die Chance, eine Gymnasialempfehlung zu erhalten, ist für Kinder, deren Eltern in Deutschland geboren wurden, 1,66-mal höher als für Kinder mit Migrationshintergrund (Bildungsbericht 2006: 165).

Auch der Übergang in die Berufsausbildung gestaltet sich für türkische Jugendliche schwieriger als für die gleichaltrigen Vergleichsgruppen. Junge Türken der zweiten oder dritten Generation weisen unter Berücksichtigung von Herkunftsmerkmalen die niedrigste Ausbildungsquote auf (Bildungsbericht Migration 2006: 154). Von ihnen befinden sich 24% in einer Ausbildung, 37 % gehen einer Erwerbstätigkeit nach. Demgegenüber stehen 16%, ein knappes Fünftel, die als arbeitslos gemeldet sind. 23% sind als Nichterwerbspersonen erfasst (Bildungsbericht Migration 2006: 159).

Hier zeigt sich eine starke Polarisierung im Vergleich zu anderen Gruppen mit Migrationshintergrund. Insbesondere für Frauen liegt die Quote der Nichterwerbspersonen sehr hoch. So sind 37% der jungen Türkinnen als Nichterwerbspersonen verzeichnet (im Vergleich: 10% der Frauen ohne Migrationshintergrund und 24%

der MigrantInnen aus anderen Staaten). Die Nichterwerbsquote für junge türkische Männer hingegen liegt bei 6% (9% für andere Staaten).

Der Bildungserfolg wird in der Regel auch über den Erwerb bestimmter formaler Bildungsabschlüsse bewertet. Im Vergleich zu Deutschen ohne Migrationshintergrund weisen MigrantInnen ein niedrigeres Bildungsniveau auf, sowohl gemessen an Abschlüssen an allgemein bildenden Schulen als auch bei beruflichen Bildungsabschlüssen (Bildungsbericht 2006: 146). Dennoch darf nicht außer Acht gelassen werden, dass im letzten Jahr (2008) mancherorts eine Korrektur der Statistiken erfolgen musste. So zum Beispiel geschehen in Nordrhein-Westfalen, das im aktuellen Bildungsbericht die vorherigen Negativzahlen über junge Türken korrigieren musste. So sind in den amtlichen Statistiken nicht die eingebürgerten türkischstämmigen Jugendlichen und jungen Leute erfasst worden. Das weitere Ergebnis der Statistiken zeigte, dass eingebürgerte TürkInnen im Vergleich zu anderen SchülerInnen in ihrer Altersgruppe überdurchschnittlich hohe Bildungsabschlüsse erzielen.

Ob im Falle von den jungen türkischstämmigen Migranten von einer „Lost Generation" gesprochen werden kann, wie es plakativ von Seiten der Medien aufgegriffen wird - oder aber von der „Golden Generation"[8], wie es seitens der bildungs- und auch sonst selbstbewussten türkischstämmigen MigrantInnen (nicht nur in Deutschland, siehe 3.2.2) formuliert wird, hängt gleichermaßen von staatlichen als auch Eigenintiativen der türkischstämmigen Bevölkerung ab. Noch zeichnen die oben angeführten Bildungsindikatoren ein kritisches Bild des tatsächlichen Bildungserfolgs türkischstämmiger Migranten.

[8] Auch das türkische Branchenverzeichnis in Deutschland wie auch in Australien trägt den Namen „Golden Directory". Der Name spielt dabei auf den Erfolg der „Golden Generation" an.

2.2.3 Modelle und Konzepte im Umgang mit Migrantenkindern und -eltern im deutschen Bildungssystem

In diesem Abschnitt stelle ich stellvertretend für weitere Projekte ausgewählte Modellversuche und Initativen vor, die zu Teilen aus Kooperationen zwischen Gemeinden, Migrantenselbstorganisationen und Schulen entstanden sind.
Konkrete Fördermaßnahmen umfassen in der Regel sprachliche Frühförderung im Elementarbereich, Sprachstandsdiagnostik und die oftmals in Eigenregie verfolgten schulpolitischen Strategien und Programme. Neu dabei ist, dass die Mittelvergabe für Programme und Maßnahmen in einigen Ländern, wie zum Beispiel in Nordrhein-Westfalen, nicht mehr allein auf der Anzahl der Kinder und Jugendlichen mit Migrationshintergrund oder schulischem Förderbedarf beruht, sondern auf Grundlage eines Schulkonzeptes in Verbindung mit konkreten Zielvereinbarungen erfolgt (vgl. Bildungsbericht Migration 2006: 167).
Insgesamt nehmen 8% der MigrantInnen am Förderunterricht Deutsch teil. Der Anteil unter den türkischen Jugendlichen liegt mit 13% noch höher. 23% der Kinder und Jugendlichen mit Migrationshintergrund erhalten Unterricht in ihrer Muttersprache. Hier sind es allerdings vor allem Jugendliche aus anderen Anwerbestaaten als der Türkei (43%) (Bildungsbericht Migration 2006: S. 168f).
Stellvertretend für weitere Modelle oder Ideen werden an dieser Stelle ausgewählte Beispiele im Umgang mit Migrantenkindern und -eltern vorgestellt:

Erster Elterninformationsabend zur Förderung der Zusammenarbeit zwischen türkischen MigrantInnen und dem niedersächsischen Schulsystem am 18. November 2008

In Kooperation des Niedersächsischen Kultusministeriums, der Türkischen Gemeinde in Niedersachsen (TGN) sowie der Integrationsbeauftragten des Landes Niedersachsen und der Landeshauptstadt Hannover fand im Stadtteil Hannover-Ricklingen eine erste Elterninformationsveranstaltung statt, die sich speziell an türkische Eltern richtete. Das Konzept der Veranstaltung sah vor, über die Beteili-

gung einer bekannten Saz-Musikerin die Eltern für den Informationsabend zu gewinnen und dem Abend einen besonderen Veranstaltungscharakter zu verleihen. Zentrales Anliegen war zum einen die Zusage seitens des Kultusministeriums und der Stadt Hannover, die Schulen für Konzepte, wie das des bilingualen Unterrichtsmodells an einem Gymnasium in Hannover-Linden, zu öffnen. Aber auch die anwesenden Eltern wurden aufgefordert, ihre Wünsche zu artikulieren und sich aktiv an einer „neuen Integrationspolitik" (Bernd Strauch, Bürgermeister von Hannover) zu beteiligen. Vorgestellt wurden eine Orientierungs-Broschüre über das Schulsystem des Landes Niedersachsen („Das Niedersächische Schulsystem/ *A*şağı Saksonya daki Egitim Sistemi") und ein Informationsfilm in verschiedenen Sprachen, die sich speziell an Migranteneltern richteten. Deutlich wurde das Bestreben aller Beteiligten, die Elternarbeit mit MigrantInnen im niedersächsischen Schulsystem in einem wechselseitigen Dialog gestalten zu wollen. Weitere Aktivitäten sind durch Claudia Schanz, Niedersächsisches Kultusministerium, geplant. Trotz des gewählten Veranstaltungscharakters und der Beteiligung der Türkischen Gemeinde in Niedersachsen (TGN) wurde die Auftaktveranstaltung nur von einer sehr geringen Anzahl türkischer Eltern besucht.
Ebenso wie der bilinguale Unterricht an einem hannoverschen Gymnasium ist auch das folgende Projekt auf Eigeninitiative einer Schule zurückzuführen.

Muttersprachlicher Elternabend an der IGS Linden

Die IGS Linden hat für die klassen- und jahrgangsübergreifenden Elternabende sogenannte „Teamer" aus den jeweiligen Kultur- und Sprachkreisen ausgebildet, die zum einen generelle Abläufe und Strukturen der IGS und des niedersächsischen Schulwesens erläuterten und zum anderen für die Fragen und Anmerkungen der Eltern zuständig waren. Finanziert wurde das Projekt mit Unterstützung der TUI-Stiftung und der Robert-Bosch-Stiftung u.a. sowie kommunaler und schuleigener Mittel. Die Einladung erfolgte jeweils in der landestypischen Sprache. Die Abende wurden von den Eltern mitorganisiert. Getränke und Speisen wurden in

die Veranstaltung integriert. Aus dem Modellprojekt resultierte z.B. auch eine Initiative türkischer Eltern, die sich selbst an türkische Eltern richtete. Es zeigte sich, dass vielen der Eltern wesentliche Informationen hinsichtlich der Konzeption der Integrierten Gesamtschule fehlten. Die muttersprachlichen Elternabende werden weiterhin vierteljährlich stattfinden.
Andere, wie der Verein für Integration und Bildung (VIB e.V.), richten sich mit professionellen Förderangeboten auf dem privaten Sektor an die türkischen Eltern und Kinder.

Verein für Integration und Bildung (VIB e.V.)
Der Verein für Integration und Bildung ist eine Initiative türkischer Eltern, die 1996 ins Leben gerufen wurde. Ausgangspunkt ihrer Bestrebungen war die Förderung ihrer Kinder im schulischen Alltag, die aus verschiedensten Gründen nicht allein durch die Eltern getragen werden konnte. Ein gemeinsames und zentrales Ziel ist neben fächerspezifischer Nachhilfe und fließendem Sprechen und Schreiben in der deutschen und türkischen Sprache auch die Schulung der Eltern. Außerdem bietet der Verein Islamunterricht an. Der VIB e.V. ist einer der türkischen Vereine und Organisationen, die sich als weitere Akteure auf das Feld der integrativen Bildungsmaßnahmen begeben haben. Für einen Teil der Eltern spielt bei der Anbieterwahl der sprachliche oder kulturelle Hintergrund eine wichtige Rolle. Aus dem VIB e.V. ist 2002 auch ein Privatgymnasium hervorgegangen, das sich 2008 um eine angeschlossene Realschule erweitert hat.

2.3 Zusammenfassung

Zwar ist die Bundesrepublik Deutschland seit vielen Jahren mit Zu- und auch Auswanderung konfrontiert, eine wirkliche Politik der Integration, das heißt auf die bereits hier lebenden und bleibenden Einwanderer bezogen, gibt es als solche erst seit einem Jahrzehnt. Die Lebenswelten der türkischen MigrantInnen gestalten sich dabei sehr unterschiedlich. Die letzten Bildungsberichte und Studien haben gezeigt, dass noch immer ein großer Anteil der türkischen MigrantInnen das deutsche Bildungswesen ohne Abschluss verlässt. Doch es gibt auf der anderen Seite auch eine bemerkenswerte steigende Zahl an eingebürgerten AkademikerInnen. Nach wie vor wird in der Bundesrepublik über das schlechte Abschneiden der MigrantInnen im Bildungssystem diskutiert. Es lässt sich aber feststellen, dass in den letzten Jahren eine Reihe an vielversprechenden integrativen Bildungsmaßnahmen auf den Weg gebracht worden sind.

3 Zur Situation türkischer MigrantInnen in Australien

Wie auch im vorhergehenden Teil bezieht sich dieses Kapitel auf die gesellschaftlichen und persönlichen Rahmenbedingungen der MigrantInnen. Zunächst wende ich mich dem australischen Schulsystem und dann seinen zugewanderten SchülerInnen und deren Eltern zu. Auch hier schließt das Kapitel mit einem Überblick über ausgesuchte Modelle und Konzepte im Umgang mit Migranteneltern und -kindern ab.

3.1 Gesellschaftliche Rahmenbedingungen und Familiensituation türkischer Migrantenfamilien in Australien

Gemeinsam mit den USA und Kanada gehört Australien zu den "klassischen" Einwanderungsländern mit einer multikulturellen Gesellschaft. Tatsächlich sind 21% der heutigen australischen Bevölkerung nicht auf dem australischen Kontinent geboren und 20% haben zumindest ein Elternteil, das nicht von dem australischen Kontinent stammt (VOMA 2003: 38). Nach dem 2001 Zensus lässt sich die Herkunft der australischen Einwohner auf über 200 verschiedene Länder zurückführen. Auf der offiziellen Homepage des Department of Foreign Affairs and Trade (DFAT) heißt es: "Cultural diversity is a central feature of our national identity". Wie sehen nun in einem Land, das seit seiner Staatsgründung offiziell als Einwanderungsland zu verstehen ist, die institutionellen und persönlichen Lebensbedingungen der türkischen MigrantInnen aus?

3.1.1 Türkische Einwanderung im Spiegel der australischen Einwanderungspolitik

Die ersten türkischen Einwanderer waren zypriotische Türken aus dem damals von Großbritannien besetzten Zypern, pro forma also britische Staatsangehörige. Sie kamen mehrheitlich in den 40er und 50er Jahren, noch bevor die eigentliche Arbeitsmigration aus der Türkei nach Europa und in den späten 60er Jahren auch nach Australien einsetzen sollte. Die zypriotischen Einwanderer waren überwiegend gelernte Facharbeiter. Heute leben nach dem 2006 Zensus 59.393 Menschen türkischer Abstammung in Australien, etwa 0,3% der australischen Gesamtbevölkerung. Etwas mehr als die Hälfte von ihnen (30.459) sind in der Türkei geboren worden.

Mit Einsetzen des wirtschaftlichen Aufschwungs in den 60er Jahren begann Australien gezielt auch Arbeitskräfte aus dem Osten Europas anzuwerben. Erst mit dem Anwerbevertrag zwischen Australien und der Türkei im Oktober 1967 wurden erstmals Einwanderer mit einem islamischen Hintergrund zugelassen (Castles 1988: 53). Die Mehrzahl der türkischen Migranten und Migrantinnen kam im Rahmen der zahlreichen Assisted Passage Schemes zwischen 1968 und 1975. Australien benötigte insbesondere in der verarbeitenden Industrie Arbeitskräfte. Im Kontrast zu den europäischen Anwerbestrategien, die nur um eine zeitlich befristete Deckung ihres Arbeitskräftebedarfs bemüht waren, rekrutierte Australien hingegen nicht nur Arbeitskräfte, sondern zukünftige Staatsbürger, die ihren Teil zum *population building* beitragen sollten. So unterstützte die australische Regierung von vornherein den Zuzug von Familien und Paaren. Wie auch bei der Arbeitsmigration nach Europa erhoffte sich die türkische Regierung durch die temporäre Entsendung von Gastarbeitern die Entlastung der eigenen Wirtschaft und zu einem späteren Zeitpunkt einen Vorteil durch den Import neuer Fertigkeiten und Technologien, sowie durch den Zufluss finanzieller Ressourcen durch Remigranten. Die damaligen Arbeitsmigranten aus der Türkei gingen aber auch in Australien zunächst nicht von einer dauerhaften Migration aus. Ähnlich wie in der BRD kam die Mehrheit der türkischen Migranten aus den ländlichen Gebieten der

Türkei, wo sie in der Landwirtschaft tätig waren oder selbst eigene kleine Geschäfte unterhielten. Hochqualifizierte Arbeitskräfte, die generell über höhere Bildungsabschlüsse und Englischkenntnisse verfügten, kamen zu einem späteren Zeitpunkt mit der Intention, eine dauerhafte Existenz in Australien aufzubauen. Mit der Zeit etablierte sich eine Vielzahl an türkischen Organisationen und Services, die aus den Selbstorganisationen der MigrantInnen entstanden und vor allem auf eine Verbesserung der Lebensbedingungen ausgerichtet waren. Dabei entstanden neben türkischen Medien insbesondere auch viele religiöse Organisationen. Die Mehrzahl der Migranten suchte in Australien eine bessere wirtschaftliche Ausgangslage. Darüber hinaus war das Arbeitsplatzangebot in Australien ein *pull-Faktor,* der Migranten nach Australien lockte.

Die jeweiligen Einwanderungs- und Integrationsstrategien lassen sich dabei in die in *Tabelle 2* aufgeführten Phasen einteilen.

Tab. 2: Einwanderungs- und Integrationspolitik Australiens 1901-2008 (Eigene Zusammenfassung nach Leutner 2007; Jupp 1997)

Immigration Policy	White Australia Policy	(1901-1958)
Settlement Policy	Assimilation Policy	(1945-1965)
	Integration Policy	(1966-1972)
	Multicultural Policy - Evolution of equal rights - Cultural pluralism - Access and Equity	(1973-1991)
	Multicultural Policy - Howard Era	(1991-2005)
	Multicultural Policy	(2005-heute)

Während der *White Australia Policy* in der ersten Hälfte des 20.Jahrhunderts sollte Australien vor allem frei von ‚nicht-weißen' Einflüssen und fest verwurzelt mit seinem europäisch-britischen Ursprung bleiben. Mit der Einführung des

Immigration Restriction Act 1901 wurden ‚weiße' Einwanderer aus Europa, insbesondere aus Großbritannien favorisiert. Einwanderern, die als Nicht-Weiße klassifiziert wurden, war die Einreise verweigert. Diese Selektion richtete sich vor allem gegen chinesische Einwanderer und später auch gegen andere Asiaten. Migration aus NESB(Non-English-Speacking-Background)-Ländern war zunächst gering. Zum damaligen Zeitpunkt wurde die *White Australia Policy* als ‚natürliche Entwicklungsstufe' des australischen Nationalismus gesehen (Jupp 1998: 128ff). Offiziell wurde die *White Australia Policy* erst 1958 mit dem neuen Migration Act abgelöst, der Einreise- und Bleibebestimmungen nach einem Punktesystem regelte. In diesem System wurden je nach Fertigkeit Punkte in der englischen Sprache, für das Alter und über das präferierte Beschäftigungsverhältnis vergeben. Deutlich bevorzugt wurden Einwanderer aus dem englischsprachigen Raum. Nach Leutner (2007:77) und Jupp (1998:72ff) wurde die *White Australia Policy* erst dann wirklich aus der Politik verbannt, als 1973 die Ära des Multikulturalismus begann. Bis zu diesem Zeitpunkt basierte die starke Selektion der Migrationsgruppen auf dem Kriterium der Assimilation und der Bevorzugung ‚weißer' Einwanderungsgruppen.

Mit Beginn der 1950er Jahre richtete sich die australische Einwanderungspolitik nicht mehr nur auf die Selektion potentieller Migranten aus, sondern wendete ihre Agenda an die bereits im Land befindlichen Einwanderer. Lange Zeit war das Ziel der australischen Einwanderungspolitik die Herstellung einer größtmöglichen Homogenität und die Beibehaltung britischer (-australischer) Identität in der Bevölkerung. Vor der Assisted Passage Scheme 1967 kam die Mehrzahl der türkischstämmigen Einwanderer nicht aus der Türkei, sondern aus dem britischen Zypern. Einwanderer aus den britischen Hoheitsgebieten, ob aus dem Vereinten Königreich, Neuseeland oder Hong Kong, genossen bevorzugte Einwanderungsrechte und waren bis 1983 durch ihre Einreise sogar automatisch berechtigt, bei allen Wahlen auf nationaler, länder- und territorialer Ebene und bei Kommunalwahlen zu partizipieren, ohne den sonst vorausgesetzten Prozess der Einbürgerung vollzogen zu haben (Smolicz 1999: 18f). Die Strategie der *Assimilation* sollte mit Hilfe des Bildungssystems durchgesetzt werden, das seine Maßnahmen vor allem auf die einseitige und konsequente Anwendung der englischen Sprache ausrichtete. Zum anderen wurden die Migranten im Rahmen der *Assimilation Policy* als Arbeitskräfteressourcen in der wachsenden australischen Wirtschaft gesehen. Es wurde jedoch auch erwartet, dass sich die Einwanderer dem *Australian Way of Life* anpassten und die Kultur des Herkunftslandes ablegten (Leutner 2007: 78ff). Doch gerade im Erwerbstätigenbereich begann sich die Aufspaltung in ethnische und kulturelle Gruppen abzuzeichnen, die sich bis in den privaten Bereich fortsetzen sollte. Das führte gemeinsam mit dem schlechten schulischen Abschneiden von Migrantenkindern zu dem politischen Eingeständnis, dass die *Assimilation Policy* offiziell als gescheitert galt.

Erst unter der Labor Party wurde in den 1970er Jahren der Bedarf für mehr ethnische Organisationen und Schulen anerkannt, um die NESB-Migranten besser zu unterstützen. Die Regierung begann die sprachliche und kulturelle Diversität der Bevölkerung zu tolerieren, was sich an der Einführung von ESL (English Speaking Language)-Programmen für Migranten und den *Saturday Classes* zeigte, die zunächst allerdings nur durch ethnische Verbände organisiert und durchgeführt wurden und sich an Schüler der Grund- und weiterführenden Schulen wendeten (Leutner 2007: 84). Veränderte Migrationströme und die Fehlschläge der Assimilierungs- und Integrationspolitik sorgten für ein Umdenken in der australischen Politik und man begann die neue ethnische und kulturelle Vielfalt auch als Bereicherung zu verstehen (Leutner 2007: 86). Viele der Einwanderer gehörten noch dazu der Arbeiterklasse an, der potentiellen Wählerschaft der Laborpartei, was sie zu einer Zielgruppe für politische Reformen werden ließ (Hawkins 1989: 228). Mit der Einführung eines neuen Punktesystems (*Structured Selection Assessment System*) endete auch das nach Herkunft selektierende Immigrationsverfahren. Einwanderer wurden bestärkt, ihre eigene Kultur zu erhalten und zu pflegen und am australischen Alltag teilzuhaben.

Heute heißt es auf der Homepage des australischen Department of Immigration and Citizenship:

> "In a descriptive sense multicultural is simply a term which describes the cultural and ethnic diversity of contemporary Australia. We are, and will remain, a multicultural society. (...) It is a policy for managing the consequences of cultural diversity in the interests of the individual and society as a whole" (DIAC 2008).

Die heutige australische Gesellschaft setzt sich aus weitaus mehr Subkulturen zusammen als der Begriff der Ethnizität beschreiben würde. Das rasante Bevölkerungswachstum, der breite Zugang zu den Bildungssystemen, Städtewachstum und Unterschiede im Generationenverhältnis tragen nach Jupp (1999: 21f) alle zur „cultural variety“ Australiens bei. Bisher bezog sich der offizielle Multikulturalismus überwiegend auf die verschiedenen ethnischen Gruppen, insbesondere die NESB-Migrantengruppen, die gut ein Viertel der gesamten Bevölkerung ausmachen. Kritisch zu sehen ist, dass Multikulturalismus oftmals als „Politik für Immigranten“ (Jupp 1999: 22) betrachtet und angenommen wird, dass sich die zweite Generation assimilieren und damit auch die ethnische Diversität der Bevölkerung abnehmen würde. Über den Multikulturalismus in Australien wird insofern debattiert, als dass es Stimmen gibt, die Multikulturalismus als temporäre Politik verstehen und nicht als permanentes Leitbild.

3.1.2 Lebenswelten im Wandel der Generationen

Für die im Rahmen der Assisted Passage Schemes nach Australien immigrierten Einwanderer spielte die soziale Mobilität eine übergeordnete Rolle, auch wenn zu Beginn nicht von einer dauerhaften Migration ausgegangen wurde (Elley 1985: 130). Die erste Pioniergeneration fand mehrheitlich Arbeitsplätze in der verarbeitenden Industrie. Dadurch blieben vielen neben der schweren körperlichen Arbeit kaum Zeit und Möglichkeiten, ihr Englisch zu verbessern. Aber auch das Wohnumfeld ermöglichte die Lebensführung weitgehend auf der Nutzung der Heimatsprache, so dass viele dieser Generation auch heute kaum oder nur mangelhaft Englisch sprechen. Von den den 15-24jährigen gaben lediglich 9,9% an zuhause nur Englisch zu sprechen. Von den in der Türkei geborenen MigrantInnen waren es 28% an, die nach eigenen Angaben kaum Englisch sprechen können, 29% verfügen über gute englische Sprachkenntnisse und 36% sprechen Englisch sehr gut oder ausschließlich (Khoo *et al.* 2002: 51).

Die Wohnungssuche der ersten türkischen MigrantInnen war zum einen durch die Suche nach bezahlbarem Wohnraum bestimmt, zum anderen spielte die Nähe zu anderen türkischen Familien und dem Vorhandensein eines vertrauten Netzwerkes eine bedeutende Rolle. Mit der Zeit konzentrierte sich die türkische Einwanderergesellschaft in bestimmten Gebieten, die meist in Nähe der verarbeitenden Industrien lagen und preiswerten Wohnraum boten (Keceli 1998; Windle 2008). Heute leben rund 92% der türkischen Wohnbevölkerung Melbournes im näheren Stadtgebiet. Sie machen rund 42% der gesamten Einwohner mit türkischem Migrationshintergrund aus (Clyne *et al.* 2003: 32). Die Mehrzahl der türkischen MigrantInnen sind ungelernte oder angelernte ArbeiterInnen. 1991 waren 61,4% der erwerbstätigen türkischstämmigen Bevölkerung in Industriezweigen tätig (Windle 2008: 61). Inglis *et al.* schreiben:

> "Although the lived world of the daily experiences of the Turkish people may have changed in many respects, the material circumstances of their lives have not changed so significantly ¼ Turkish Australian young people are still predominantly growing up in families where material disadvantage, and family experience of limited English, and often limited formal education, are the norm" (1992: ix).

Keceli (1998: 410) meint, dass durch die wohnliche Konzentration strukturelle und geografische Grenzen gezogen wurden, die "intense feelings of solidarity and the desire for inclusive traditional cultural boundary maintenance" schufen und noch heute ihre Auswirkung auf die jüngeren Generationen haben. Mit der Entwicklung und der Etablierung von Organisationen und Services durch Eigeninitative der türkischen Gemeinden in Melbourne und Sydney entstanden verschiedene wirtschaftliche, kulturelle und religiöse Netzwerke innerhalb der türkischen Gemeinschaft.

Windle (2008: 64) schreibt:

> „This second generation is growing up in a community characterised by the maintenance of strong community norms, many of which have been transformed by the new economic and institutional circumstances of life as part of the Australian working-class".

Wie auch in Deutschland gehört die Mehrzahl der in Australien lebenden und in der Türkei geborenen Muslime den Sunniten und Aleviten an. Im Vergleich zur Gesamtbevölkerung antwortete nur ein geringer Anteil der türkischen MigrantInnen beim 2003 Zensus, dass sie keiner Religion angehören würden (Dept. of Immigration and Multicultural and Indigenious Affairs 2003 in Windle 2008: 67). Durch den Rückgang der verarbeitenden Industrie ist besonders die Pioniergeneration von Arbeitslosigkeit betroffen. Von den 0-14jährigen leben 44,1% mit türkischem Migrationshintergrund in einem Haushalt, in dem beide Elternteile arbeitslos sind; im Vergleich gilt für Gleichaltrige, deren Eltern beide in Australien geboren wurden, dass lediglich 19,1% in einem Haushalt leben, in welchem beide Elternteile von Arbeitslosigkeit betroffen sind (*Tab. 3*; Khoo *et al.* 2002: 33).

Tab.3: Beruflicher Status der Eltern von 0-14jährigen im Jahr 1996 in Abhängigkeit vom elterlichen Geburtsort (Khoo et al. 2002: 33)

Birthplace of parents	Both/sole parents employed full time	At least one parent employed part-time	Only one parent employed	Both/sole parent(s) not employed
Australia %	17.0	33.3	30.6	19.1
Turkey %	13.5	10.2	32.2	44.1
Lebanon %	6.7	7.4	32.3	53.7
Vietnam %	24.5	9.9	27.9	37.7

Migration und darüber hinaus veränderte Lebens- und Arbeitsbedingungen haben auch in Australien die Kernfamilie zur vorherrschenden Familienform werden lassen. Nach Bottomley (1984, zit. in Windle 2008: 278) ist diese Entwicklung jedoch zu großen Teilen auf die Restriktionen hinsichtlich der Anzahl der Familienmitglieder zum Zeitpunkt der Migration zu verstehen.

Ebenso beeinflussen und verändern die Transformationsprozesse in Arbeits- und Familienstrukturen die Geschlechterrollenorientierung und Generationsbeziehungen. Dennoch sind es nach Windle (2008: 66) nach wie vor die Eltern, die den bedeutendsten Einfluss auf die Entscheidungen ihrer Kinder während des Erwachsenwerdens ausüben. In der von Windle zitierten Studie von Brookes (1985 zit. nach Windle 2008: 66) spielten die hohen Bildungserwartungen der Eltern auch für die jüngere Generation eine bedeutende Rolle. Allerdings, auf konkrete Berufziele angesprochen, hält die Mehrheit der jüngeren Generation Ausbildungsberufe für realistischer als den Erwerb eines höheren Bildungsganges. Ähnlich wie in Deutschland gibt auch die Mehrzahl der türkischstämmigen MigrantInnen an, türkische Medien wie Zeitungen, Radio oder Fernsehsender zu nutzen. Die Mehrheit der jüngeren türkischen Generation ist in Australien geboren worden, Zuzug türkischer EinwandererInnen nach Australien findet aber immer noch statt. Die Zahlen haben allerdings in den letzten beiden Jahrzehnten kontinuierlich abgenommen. Die meisten der türkischen EinwandererInnen der letzten Jahre sind im Rahmen des *Spouse-VISA*, des Ehegatten-Visums, nach Australien migriert.

3.2 Kinder und Eltern mit türkischem Migrationshintergrund im australischen Schulsystem

3.2.1 Strukturen und Entwicklungen im australischen Schulsystem

In Australien obliegt, wie in Deutschland, die Bildungshoheit den einzelnen Bundesstaaten und Territorien. Die starke föderalistische Struktur verleiht den einzelnen Staaten und Territorien ein hohes Maß an autonomen Entscheidungsspielraum. Zwischen den einzelnen Staaten und Territorien gibt es erhebliche Unterschiede. Für die Koordination zwischen den Einzelstaaten und der Zentralregierung ist seit 2003 der Ministerielle Rat für Beschäftigung, Bildung, Ausbildung und Jugend (MCEETYA) zuständig.

Die Struktur des Bildungssystems geht auf die Zeit der britischen Besiedlung im 19. Jahrhundert zurück und ist ähnlich aufgebaut wie das britische Schulsystem. Der grundsätzliche Aufbau gliedert sich in die 2006 eingeführte *Preparatory school* (*prep year*), die *Primary School*, *Secondary* oder *High School* oder *Secondary Colleges*, *Career and Vocational Training*, Universitäten und andere Institutionen der tertiären Bildung (*TAFE*). Die *Preparatory School* wird ab dem fünften Lebensjahr besucht. Sie ist dem Primarbereich zuzuordnen. In den meisten der Staaten beginnt auch die Schulpflicht ab diesem Lebensjahr und gilt bis zum Alter von 15 Jahren (10. Schuljahr), in Tasmanien bis zum Alter von 16. Jahren (11.Klasse). Insgesamt umfasst sie zehn, elf oder zwölf Schuljahre (Schaub/Zenke 2000). Ein Schuljahr umfasst vier Abschnitte (*terms*), in Tasmanien nur drei.

Anders als in Deutschland ist das Privatschulwesen in Australien stärker ausgeprägt. Im Bereich der Primarstufe besuchen etwa 25 % aller SchülerInnen eine private Schule. Im Sekundarbereich sind es etwa 30 %. Insgesamt machen die privaten Schulen 26 % aller Schulen in Australien aus. Sie lassen sich weiter nach den privaten katholischen Schulen (17,5%) und anderen, unabhängigen privaten Schulen (8,5%) unterscheiden. Die katholische Kirche ist der größte Träger der privaten Schulen. Etwa 70% sind unter ihrer Trägerschaft (Schaub/ Zenke 2000). Alle staatlichen Primar- und Sekundarschulen werden koedukativ geführt. Ebenso die überwiegende Zahl der privaten Primarschulen, was allerdings nicht auf die privaten Sekundarschulen zutrifft. Alle Privatschulen erhalten staatliche Unterstützung. So werden auch zum erhobenen Schulgeld der privaten Schulen staatliche Zuschüsse gewährt.

Eine weitere Besonderheit des australischen Schulwesens ist das Angebot der *School of the air*, die aufgrund der dünnen Besiedlung mancher Gebiete die SchülerInnen über Radio und/oder Fernsehen zuhause unterrichtet, bis sie ab einem bestimmten Alter in ein Internat überwechseln können.

Durch das zentrale MCEETYA wurde für acht Fächer in den sogenannten *Key-Learning Areas* Basis-Curricula eingeführt, die die Grundlage für einheitliche Leistungstests bilden. Sie werden je nach Staat im 3., 5., 6. oder 7. und im 9. oder 10. Schuljahr durchgeführt. Am Ende der Schulpflicht erhalten die Schüler nach einer schulübergreifenden Prüfung ein School Certificate of Education (Schaub/ Zenke 2006).

Im Sekundarbereich II setzt ein Teil der SchülerInnen die schulische Laufbahn mit der 11. und 12. Klasse an einer allgemein bildenden Senior Secondary School (entweder eine private Grammar School oder öffentliche High School) fort. Nach einer externen Prüfung können sie die Hochschulreife (*Higher School Certificate*) erwerben. Der Besuch eines allgemein- und berufsbildenden TAFE-College (Technical and Further Education) ist eine Alternative zu dem Erwerb der Hochschulreife. Das Lehrangebot an den TAFE-Colleges kann mit denen berufsbildender Schulen in Deutschland verglichen werden. 1994 haben etwa 5% der 15- bis 19-Jährigen die Möglichkeit für den Erwerb der Hochschulqualifikation genutzt (Schaub/ Zenke 2000).

Neben den TAFE stehen Jugendlichen nach Abschluss der Pflichtschulzeit berufsvorbereitende Kurse (*Vocational Training*) oder eine praktisch-orientierte Ausbildung offen. Als problematisch wird allerdings der hohe Anteil (etwa 50%) der

Schulabgänger angesehen, der ohne berufliche Qualifikationen direkt auf den Arbeitsmarkt drängt (Stand: Mitte der 1990er Jahre; Schaub/ Zenke 2000). Mit einer Reform im Jahr 2001, die die allgemeine und berufliche Grundbildung an den Sekundarschulen integrieren sollte, wurde diese allerdings auch enger an die marktorientierten Bedürfnisse der Wirtschaft gebunden. Heute ist in Australien der Bildungssektor zu einem starken wirtschaftlichen Faktor neben dem Tourismus geworden. Die verschiedenen Module des Schulsystems schließen einander nicht aus und bieten im Vergleich zum deutschen Bildungssystem flexiblere Wege in den tertiären Bildungsbereich. So zieht insbesondere der Bereich der höheren Bildung eine Vielzahl ausländischer StudentInnen, insbesondere aus ostasiatischen Ländern, an.

Für ungefähr drei Dekaden nach dem Ende des Zweiten Weltkrieges spielten im Bildungswesen und in der Gesellschaft insbesondere gleiche Bildungschancen eine übergeordnete Rolle. Bildung wurde bis in die 1970er Jahre hinein als bedeutende Maßnahme für das Erreichen sozialer Gleichstellung angesehen und dieses Ziel auch als Leitlinie der Bildungsreform formuliert. Mit dem *Karmel-Report*, dem Bericht des Interimkomitees der australischen Schulen, wurde deutlich, dass dieses Ziel nicht erreicht worden ist. Zwar ist der Zugang zu Bildung allen Schichten geöffnet worden, dies führte allerdings nicht zu der gewünschten Gleichstellung. Es zeigte sich, dass der Besuch der verschiedenen Schultypen zwar zu einer größeren Bildungsbeteiligung geführt hatte, aber vor allem Mädchen sowie SchülerInnen aus den ländlichen Gebieten dennoch deutlich benachteiligt waren (Welch 1997: 2).

Wie auch in Deutschland erlebte Australien eine massive Bildungsexpansion, die großen Teilen der Bevölkerung den Zugang zum sekundären Bildungsbereich ermöglichte und in den 60er Jahren insbesondere im Bereich der höheren Bildung zu einen enormen Zulauf führte. Bildung, daran knüpfte man die Erwartung an persönliche Entwicklung, Soziale Mobilität und ein besseres Leben. Dies galt nicht nur für die MigrantInnen, sondern auch für die alteingesessenen Australier (Welch 1997: 8).

Einen weiteren bedeutenden Wechsel verzeichnete das australische Bildungssystem mit der weitreichenden Ressourcenverlagerung vom öffentlichen in den privaten Sektor. Zwar wurde den Schulen im Rahmen der Dezentralisierung des Bildungswesens mehr Kompetenzen eingeräumt, dennoch verfügten sie nun über weniger Ressourcen. „Doing more with less" wurde an allen sechs Staaten zum zentralen Leitmotiv (Windle 1997: 8). Mit steigenden Arbeitslosenzahlen, insbesondere bei jungen Erwachsenen, kamen die öffentlichen Schulen jedoch zunehmend in die Kritik. Während der Rezession in den 1980er und frühen 1990er Jahren setze sich zunehmend die Überzeugung durch, dass Investitionen in Bildung das Wirtschaftswachstum beeinflussen würden. Dabei standen sich zwei Positionen gegenüber: Auf der einen Seite die Auffassung Bildung, als öffentliches Gut zu verstehen und auf der anderen Seite die Entwicklung zu Privatisierung und einer marktwirtschaftlichen Ausrichtung des Bildungssystems gegenüber.

3.2.2 Zur Bildungssituation der türkischen MigrantInnen Zweiter und Dritter Generation

Aus dem 1996 Zensus lässt sich schließen, dass die Bildungsbeteiligung für die zweite Generation im Alter von 15-21 Jahren deutlich gestiegen ist. Vor allem nehmen deutlich mehr türkischstämmige Mädchen als Jungen am australischen Bildungssystem teil (Khoo *et al.* 2002: 52).

Für die SchülerInnen, deren Eltern in Australien geboren wurden, liegt die Beteiligung an Bildungsmaßnahmen höher als bei ihren Altersgenossen, deren Eltern in der Türkei geboren sind (*Tab.4*). Hinsichtlich der Abschlüsse zeigen sich jedoch keine großen Unterschiede mehr. 43% der jungen männlichen Erwachsenen im Alter zwischen 22 und 24 Jahren, deren Eltern in Australien geboren wurden, haben einen weiterführenden Bildungsabschluss erreicht, gegenüber 33%, deren

Eltern in der Türkei geboren sind. Für die Töchter ergibt sich folgendes Bild: 39%, deren Elternteile in Australien geboren wurden, haben eine weiterführende Qualifikation im Vergleich zu 30 % der jungen weiblichen Erwachsenen, deren Eltern in der Türkei geboren wurden (Khoo *et al.* 2002: 54).

Tab. 4: Bildungsbeteiligung der Zweiten Generation nach Alter und Geburtsort der Eltern; Berechnungen für Melbourne, nach Windle (2008: 75).

2nd generation	**Turkish %**		**Lebanese %**		**Vietnamese %**		**Both parents born in Aus %**	
	15-19	**20-24**	**15-19**	**20-24**	**15-19**	**20-24**	**15-19**	**20-24**
Secondary Ed	55.1	0.2	51.8	0.3	66.6	0.0	54.7	0.2
Technical or Further Ed	10.4	10.6	12.3	7.9	6.1	13.0	9.3	8.7
University or other Tertiary	11.8	21.7	9.0	15.9	15.8	45.7	13.0	24.2
Other incl not applicable	22.7	67.6	26.8	75.9	11.5	41.3	23.0	66.8
total	100	100	100	100	100	100	100	100

Source: Calculated from data provided by Australian Bureau of Statistics from the 2001 census.

In der Altersgruppe der 15-19jährigen ist die Bildungsbeteiligung (hier: Sekundarbereich) für die türkischen MigrantInnen mit 55% genauso hoch wie für die vergleichbare Altersgruppe ohne Migrationshintergrund.

In die Gruppe der 20-24jährigen sind auch die SchülerInnen oder StudentInnen eingeschlossen, die ihren Abschluss noch machen müssen. Für die gesamte Altersgruppe kann jedoch angenommen werden, dass sie mit dem Bereich der sekundären Bildung abgeschlossen haben. Die Abschlussquoten für die 12. Klasse zeigen, dass SchülerInnen mit türkischem Migrationshintergrund die schlechtesten Abschlüsse im Vergleich zu anderen Gruppen aufweisen (siehe *Tab. 5*).

Tab. 5: Bildungsabschlüsse nach Geburtsort der Eltern; Berechnungen für Melbourne; nach Windle (2008: 77).

2nd gen aged 20-24	Turkish	Lebanese	Vietnamese	Australian born parents	Whole population
Postgraduate degree/Grad dip/Grad cert	0.3	0.3	0.0	0.4	0.2
Bachelor degree	7.5	8.4	7.8	10.7	6.1
Advanced diploma and diploma level	5.0	5.9	1.6	4.4	2.6
Certificate	8.0	9.5	4.2	11.4	7.9
Other level of education including n/a	79.1	75.9	86.4	73.1	83.2
total numbers	1882	2702	449	130699	232200

Windle (2008: 77) zeigt, dass sich diese Unterschiede auch beim Vergleich verschiedener Einkommensgruppen fortsetzen. In Gering- bis Mittelverdiener-Haushalten (weniger als 1000 AUS $ pro Monat) beenden weniger als 60 % der türkischen SchülerInnen die 12. Klasse, im Vergleich zu 70% anderer Migrantengruppen in der gleichen Einkommensschicht. Windle verweist auf eine Beziehung zwischen dem Einkommen und der Höhe der Abschlussquoten für den Bereich der sekundären Bildung. Mit wachsendem Einkommen der Eltern steigt auch die Abschlussquote der Nachkommen.

Insgesamt ist die Bildungsbeteiligung türkischer MigrantInnen in Folge der Bildungsmobilisation in den letzten Jahren deutlich gestiegen. Um aber verlässliche Aussagen über den Bildungserfolg der Zweiten Generation treffen zu können, bedarf es eines genaueren Blickes auf den weiteren Bildungs- und Berufsweg.

Hier zeigt sich, dass vor allem die Altersgruppe der 20-24jährigen türkischen MigrantInnen von Arbeitslosigkeit betroffen ist. Der Anteil beträgt 25,6% gegenüber 10,3% der gleichen Altersgruppe deren Elternteile beide in Australien geboren wurden (*Tab.6*). Aufgrund der hohen Jugendarbeitslosigkeit versuchen viele der Jugendlichen mit türkischem Migrationshintergrund so lange wie möglich in der formalen Ausbildung zu verbleiben (Windle 2008: 61). Nicht immer gelingt das. Im landesweiten Vergleich zeigt sich, dass von den NESB-SchülerInnen gerade einmal 13% einen höheren Bildungsweg einschlagen, im Unterschied zu 60% der ESB-Schüler und -Schülerinnen (Windle 2008:85).

Tab. 6: Jugendarbeitslosigkeit der Zweiten Generation nach Alter und Herkunft; Berechnungen 2001 für Melbourne; nach Windle (2008: 78).

	Age:	
	15-19	**20-24**
Parent(s) born in Turkey	44.4	25.6
Parent(s) born in Lebanon	40.0	17.8
Parent(s) born in Vietnam	59.6	30.2
Parents born in Australia	32.0	10.3

Lange war die auf MigrantInnen bezogene Bildungsforschung auf den *ethnic advantage* gerichtet, nach dessen Verständnis die jungen Einwanderer durch Aufstiegswillen und familiäre Unterstützung mögliche sozialstrukturelle und auch sprachliche Nachteile ausgleichen würden. So fand Marks (2000) zum Beispiel heraus, dass im Staat Victoria 84% der NESB-SchülerInnen die Schule mit dem VCE (Victorian Certificate of Education) beendeten. Im Landesdurchschnitt waren es 79%. Er schloss daraus, dass höhere Aspirationen und Unterstützung durch die Familien die Nachteile durch linguistische und sozial-ökonomische Defizite ausgleichen würden. Angesichts der hohen Jugendarbeitslosigkeit ist die *ethnic succes theory* (Bullivant 1988) allerdings in kritischem Licht zu sehen.

3.2.3 Modelle und Konzepte im Umgang mit Migrantenkindern und deren Eltern im australischen Bildungssystem

Eine Besonderheit des australischen Schulsystems ist, dass institutionelle Unterstützung für den Erhalt der kulturellen und ethnischen Identität seiner Nutzer gegeben wird. Das Schulsystem bietet Möglichkeiten, Lese- und Sprechfertigkeit in der Muttersprache auch innerhalb des Schulsystems zu erlernen. Die Angebote richten sich dabei an alle ethnischen Gruppen innerhalb der australischen Gesellschaft (Smolicz 1999: 64) Das öffentliche Schulsystem und nicht nur eine spezielle Interessengruppe ist dafür verantwortlich, Kurse in den Sprachen der Minderheiten anzubieten. Die Angebote sind offen für alle interessierten Schüler und Schülerinnen.

Mit der Bildungsexpansion der 70er Jahre und der Überzeugung, dass Bildung ein demokratisches Gut ist, wandten sich die Bildungspolitiker auch speziell der Situation von Migranten zu. Englisch als Zweitsprache (English as Second Language = ESL) wurde im Rahmen des *Child Migrant Education Programm* als Kursfach an den öffentlichen Schulen eingeführt. Dabei galt das Hauptaugenmerk zunächst dem kurzfristigen Erwerb der englischen Sprache. Zuerst in Sydney und danach in

Melbourne wurde außerdem der *Telephone Interpreter Service* (TIS) ins Leben gerufen. Zunächst nur für Notfälle geschaffen, entwickelte sich der Dolmetscherservice als generelle Assistenz, die nicht nur in medizinischen oder juristischen Angelegenheiten genutzt werden konnte. Heute bietet das Dept. of Immigration einen 24-Stunden-Service über den neuen *Translating and Interpreter Services* (TIS) an, der sowohl Privatpersonen als auch dem Commonwealth, den Bundesstaaten und Territorial-Agenturen und Behörden sowie privaten Unternehmen offen steht (Leutner 2007: 90f).

Ab den 1970er Jahren wurde nachdrücklich die Zusammenarbeit mit den MigrantInnen gefördert und eine Reihe von Organisationen ins Leben gerufen, die die die *ethnic communities* repräsentieren und die Zusammenarbeit stärken sollten. Insbesondere auf dem Gebiet der Sprachförderung wurden die *ethnic communitites* in den schulischen Alltag einbezogen. Besonders hervorzuhaben sind hierbei die Language Schools

Language Schools

Das Prinzip der Language Schools gibt es zwar seit den 1930er Jahren in Australien, aber erst seit den 1970er Jahren hat sich das Angebot der Sprachschulen erheblich erweitert. Das besondere ist, dass bei der Aufnahme neuer Sprachen und der damit verbundenen Einstellung neuer Lehrer die jeweilige Interessengemeinschaft in Planung und Durchführung einbezogen wurde. Die ersten Türkischklassen in Victoria wurden 1973 eingerichtet und auf den Sekundarbereich erweitert (Merlino 1988: 46). Mittlerweile bieten die Language Schools, die Möglichkeit Türkisch auch als Zweitsprache im Rahmen des Curriculums zu belegen (LOTE = Language other than English). Das Angebot der Saturday Classes richtet sich an Schüler und Schülerinnen, die an ihrer Schule nicht die Möglichkeit haben ihre Wahlsprache zu lernen. Türkisch ist mittlerweile an der Victorian School of Languages zur drittgrößten Sprachgruppe nach Japanisch und Chinesisch geworden.

Weitere Entwicklungen sind besonders im Privatschulsektor zu erkennen. Die türkischen communities in Melbourne und Sydney unterstützten in den 1990er Jahren die Einrichtung privater Schulen. Stellvertretend wird hier das Ilim College in Melbourne vorgestellt.

Ilim College – eine islamisch-türkische Privatschule

Das Ilim College ist eine islamische Privatschule und ist eine der ersten türkischen Schulen gewesen, die 1997 durch die Initative und Finanzierung der türkischen *community* in Braodmeadows, Melbourne, entstanden ist. Die meisten der türkischen Privatschulen gehen auf das Engagement verschiedener türkischer Stiftungen in den 90er Jahren zurück, die in Verbindung mit *Diyanet*, *Milli Görüş* oder der *Fethulla Gülen*-Bewegung zu sehen sind. Die kostenpflichtigen privaten Schulen werben mit der hohen Erfolgsquote ihrer Absolventen beim Hochschulzugang. Neben der Leistungs- und Erfolgsorientierung der Schulen und ihrer Träger richten sich die privaten Schulen vor allem an Eltern, die außerdem eine religiöse Erziehung ihrer Kinder im Schulalltag wünschen. Die Schule bietet Koranunterricht, Arabisch- und Türkischunterricht und die Möglichkeit, *Islamic Studies* im Rahmen des Curriculums absolvieren zu können. LehrerInnen und Administration sind türkischsprachig.

3.3 Zusammenfassung

Anders als Deutschland hat das „klassische" Einwanderungsland Australien bereits in den 70er Jahren eine Reihe an bildungspolitischen Maßnahmen auf den Weg gebracht, die sich speziell mit der ethnischen Diversität der Bevölkerung befassen. Die größten Schwierigkeiten für junge türkische MigrantInnen liegen bei dem Übergang von der schulischen Ausbildung in die Berufswelt. Dennoch gibt es eine steigende Zahl türkischer AkademikerInnen, die mit der Universität abschließen. Wie auch in Deutschland gibt es eine deutliche Schere zwischen den hohen Abschlüssen der einen und dem schlechten Abschneiden der anderen.

Hohe Erfolgsquoten der Absolventen sind insbesondere auf den privaten türkischen Schulen zu verzeichnen. Angesichts der Selektionskriterien privatwirtschaftlicher Schulen sind die hohen Erfolgsquoten in ihrer Bewertung zu relativieren. Neben der ausgeprägten Leistungs- und Erfolgsorientierung der privaten Schulen spielt die religiöse Erziehung im Schulalltag eine wichtige Rolle. Hier sind verschiedene religiöse Organisationen und Bewegungen vertreten. Dennoch sollte nicht außer Acht gelassen werden, dass es sich auch im Fall der türkisch-australischen Einwanderer um durchaus pluralistische Lebens- und Glaubenswelten handelt.

Ob von einer intensivierten Entwicklung einer türkischen „Elite“ durch den Privatschulsektor gesprochen werden kann, sollte durch weiterführende Untersuchungen beantwortet werden. Als Akteure im Bildungsbereich sind die privaten türkischen Schulen unbedingt zu beachten.

4 Qualitative Untersuchung der elterlichen Einflussnahme auf die kindliche Schullaufbahn vor dem Hintergrund unterschiedlicher Konzepte im Umgang mit türkischen MigrantInnen im deutschen und australischen Schulsystem

4.1 Fragestellung

Vor dem Hintergrund, dass vor allem Kinder und Jugendliche mit türkischem Migrationshintergrund in der Bundesrepublik Deutschland von Bildungsungleichheiten betroffen sind, möchte ich herausarbeiten, welche Entwürfe und Erwartungen die Eltern auf Grundlage ihrer eigenen Erfahrungen an die Schulausbildung ihrer Kinder haben. Ich möchte prüfen, ob und in welchem Maße divergierende institutionelle Konzepte im Umgang mit Migranteneltern Einfluss auf deren Erwartungen und deren Partizipation im schulischen Alltag nehmen. Hierzu bediene ich mich des Vergleichs zwischen dem deutschen und dem australischen Schulsystem. Insbesondere geht es mir darum, in explorativer Art und Weise Einblicke in die Entwicklungen und Verläufe von Schule-Eltern-Kontakten zu gewinnen und Konsequenzen für eine erfolgreiche Zusammenarbeit zwischen türkischen Eltern und Schulen abzuleiten.

4.2 Das qualitative Interview

Für das Ziel der Untersuchung, Abläufe und Bedingungen von Schule-Eltern-Kontakten aus der Perspektive der türkischen Eltern zu erfassen, besteht die Notwendigkeit eine Methode zu finden, die es erlaubt, mit der Zielgruppe in einen Dialog zu treten. Diese kommunikative Herangehensweise finde ich im qualitativen Forschungsansatz wieder, der mir erlaubt, Einblicke in die Sichtweisen und Einstellungen meiner Zielgruppe über bestimmte Sachverhalte, Begebenheiten und Erfahrungen zu erhalten (Lamnek 2002).

Es ist naheliegend, dass in die qualitative Forschung ebenso die persönlichen Eindrücke und Erkenntnisse des Forschers oder der Forscherin bei der Datenerhebung und der darauffolgenden Materialanalyse in den Forschungsprozess einfließen, ebenso wie die Interaktion zwischen Proband und Interviewer (Flick 1991). Dies ist ein weiterer Grund, eine qualitative Herangehensweise für diese Arbeit zu wählen.

Die qualitative Forschung

Der Trend zu mehr qualitativer Forschung ist eine Entwicklung der letzten zehn bis zwanzig Jahre (Mayring 2002: 12). Aufgrund der Vielfalt der modernen Lebenswelten und gesellschaftlichen Transformationsprozesse wie der fortschreitenden Individualisierung von Lebensweisen ist ein über das rein quantitative Denken hinausgehender Forschungsansatz erforderlich.

Dabei lassen sich drei in ihrer fachlichen Ausrichtung divergierende Richtungen innerhalb der qualitativen Forschung unterscheiden: der *Symbolische Interaktionismus*, die *Ethnomethodologie* und die *Psychoanalyse*.

Aufbauend auf den ersten beiden genannten Theorien formulierte Thomas P. Wilson das *interpretative Paradigma* als leitendes Denkmodell für die sozialwissenschaftliche Forschung (Mayring 2002: 10). Grundlage ist die Annahme, dass „Menschen nicht starr nach kulturell etablierten Rollen, Normen, Symbolen, Bedeutungen handeln“ (normatives Paradigma). Stattdessen wird jede soziale Interaktion selbst als interpretativer Prozess verstanden, in dem die individuelle Sichtweise des Handelnden Priorität hat. Soziales Handeln wird zur Interpretation. Der Wissenschaftler muss dann erst recht zum „Interpreten“ werden und berücksichtigen, dass kulturelle und soziale Hintergründe der Befragten Einfluss auf die Forschungsarbeit haben (Mayring 2002: 10).

Für das methodologische Vorgehen lassen sich nach Lamnek (2002) folgende Prinzipien ausmachen:

- Das Prinzip der Offenheit: Der Forscher oder die Forscherin soll dem Gegenstand ohne theoretische Vorstrukturierungen und möglichst ohne den Einfluss eigener Deutungen und Wertungen begegnen, um so an die wirklich relevanten und wesentlichen Bedeutungen seines Forschungsgegenstandes gelangt.
- Das Prinzip der Relevanzsysteme der Betroffenen: Den Befragten soll Raum gegeben, werden eigene Bedeutungszuweisungen vornehmen zu können. Dies impliziert, dass es sich nicht um vorstrukturierte und standardisierte Verfahren handelt. Als weiteres wichtiges Vorgehen sollen immer offene Fragen verwendet werden.
- Das Prinzip des Alltagsgesprächs: Die Datenerhebung wird als ein kontinuierlich-kommunikativer Interaktionsprozess mit gegenseitigen Beeinflussungen verstanden. Eine wichtige Rolle spielen dabei *Flexibilität*, sowie *Reflexivität* und die Einbeziehung des *Kontextes der Erhebungssituation* (Lamnek 2002: 165ff).

Eine Methode qualitativer Forschung ist das *problemzentrierte Interview*, welches ich für meine Untersuchung verwendet habe.

Das problemzentrierte Interview

Das problemzentrierten Interview nach Witzel (1985) verbindet den Leitfaden des Fragestellers mit freien Erzählsequenzen des Befragten. Bei dieser spezifischen qualitativen Interviewform steht verstärkt der Gesprächscharakter im Vordergrund (König/ Zedler 2002: 177).

Durch theoretische Vorarbeit entwickelt der Interviewer/ die Interviewerin einen thematischen Schwerpunkt, die *Problemzentrierung*, anhand derer der Leitfaden gestaltet und aufgebaut wird. Dabei werden ausschließlich offene Fragen verwendet, die zum einen das Thema umschreiben und die Problemstellung des Gegenstandbereiches hervorheben und zum anderen einen Erzählstimulus kreieren. Wichtig ist, dass die durch den Forscher/ die Forscherin entwickelte „theoretische Konzeption der Problemzentrierung" (König/ Zedler 2002: 177) offen für Modifikationen und Veränderungen bleibt. Zudem sind Strukturierung und persönliche Hervorhebungen seitens der Befragten gegenüber den theoretischen Vorüberlegungen des Interviewers/ der Interviewerin vorrangig.

> „Die Dynamik der Datensammlung ist hier eng mit der Hauptaufgabe des Forschers verknüpft, die darin besteht, zwischen den Äußerungsinteressen des befragten Subjekts (und damit auch den Fluss des Gesprächs), der Struktur des Leitfadens sowie der begrenzten Zeit zu vermitteln" (Flick 1991: 158).

Für den Interviewablauf lassen sich vier verschiedene Phasen identifizieren:

- Zu Beginn soll in der Erklärungsphase (Phase 1) der zu behandelnde Problembereich eingegrenzt werden und die Bedeutung der Entfaltung des erzählerischen Potenzials deutlich werden.
- In Phase 2, der *allgemeinen Sondierung*, gibt der Interviewer/ die Interviewerin dem oder der Befragten einen Erzählstimilus zum Beispiel in Form eines Erzählbeispiels aus dem Alltag.
- In Phase 3 geht es zur spezifischen Sondierung über. Unter Zuhilfenahme von Verständnisfragen, Konfrontation oder dem Zurückspiegeln des Gesag-

ten sollen „Erzählsequenzen und Darstellungsvarianten“ (Witzel 1985: 248) vertieft werden.

- In der letzten Phase hat der oder die InterviewerIn die Möglichkeit ad-hoc-Fragen zu stellen, durch die Themen angesprochen werden sollen, die im Leitfaden unerledigt blieben.

Ergänzend zu den problemzentrierten Interviews wurden weitere Daten mit Hilfe eines Fragebogens erhoben, die zum einen dazu dienen sollen, die durch Interviews erhobenen Daten weiter zu stützen. Zum anderen erhoffte ich mir zu Beginn der Untersuchung über den Fragebogen eine größere Anzahl an Probanden erreichen zu können. Um das Erleben und Verhalten der türkischen Eltern von institutioneller Seite widerspiegeln zu können, wurden zusätzlich *Expertengespräche* in die Untersuchung einbezogen.

Expertengespräche

Die Befragten werden nicht als individuelle Persönlichkeiten in die Untersuchung einbezogen, sondern als Repräsentanten einer spezifischen Gruppe, die für einen spezifischen Handlungsbereich steht. Anders als beim problemzentrierten Interview werden hier ungeeignete Themen abgeblockt, da hier lediglich spezifische, aber zugleich generelle Eigenschaften der Person für die Datenerhebung von Belang sind (Lamnek 2002: 176).

4.3 Vorbereitung der Interviews

Um eine möglichst nahe Abbildung der verschiedenen Lebenswirklichkeiten zu erreichen und um der Fragestellung gerecht zu werden, sollten die Teilnehmer folgende Kriterien erfüllen:

- Alle TeilnehmerInnen sollten zur zweiten Generation der türkischen ArbeitsmigrantInnen gehören (dabei ist nicht von Bedeutung, ob sie in Deutschland oder in Australien geboren wurden oder durch Familiennachzug in die Aufnahmeländer gekommen sind).
- Alle TeilnehmerInnen sollen mindestens ein Kind haben, das eine allgemeinbildende Schule besucht.
- Um ein möglichst breites Bild von den verschiedenen Lebenswirklichkeiten der *Zweiten Generation* zu erreichen, sollten an der Befragung Personen mit unterschiedlichem familialen Status befragt werden.

Es erwies sich als zentrale Hürde bei der Vorbereitung der Interviews interessierte und zuverlässige Probanden zu finden. Zum einen mussten sich die Teilnehmer bereit erklären, mit einer ihnen unbekannten Person ein offenes Gespräch zu führen, zum anderen erschwerten die von mir bestimmten Kriterien eine explorative Suche nach Interviewpartnern. Es zeigte sich, dass eine vermittelnde Vertrauensperson die Bereitschaft für ein persönliches Gespräch deutlich erleichterte.
Allerdings war erst zum vereinbarten Interviewtermin erkennbar, ob die Gesprächspartner auch wirklich an der Befragung teilnehmen würden. In einigen Fällen wurde das Gespräch unter Angabe von Gründen wie Terminüberschneidung oder mangelnde Zeit abgesagt. Wesentlich öfter erfuhr ich die Zusage eines Rückrufes, den es dann nicht mehr gegeben hat. Wichtig war allen Gesprächspartnern, ob in Deutschland oder Australien, dass sie nicht namentlich genannt werden und die Versicherung, dass es sich nicht um „intime" oder „kontroverse" Fragen handeln würde.
Letztendlich gelang es, je fünf InterviewpartnerInnen in Deutschland und Australien zu gewinnen. Anders gestaltete sich die Distribution des Fragebogens. Zu Beginn der Untersuchung habe ich 175 Anfragen in deutscher und türkischer

Sprache über verschiedene allgemeinbildende Schulen[9] in der Region Hannover verteilen lassen. Hierzu habe ich persönlich Schulleiter, Lehrer und Sozialpädagogen aufgesucht und über meine Untersuchung ausführlich informiert. Die angesprochenen Personen sollten die Fragebögen über die SchülerInnen an die Eltern weiterleiten.

Der Rücklauf belief sich lediglich auf ein Exemplar, in welchem mir eine Familie mitteilen ließ, dass sie an einer Befragung kein Interesse hat. Der immense Aufwand, nicht nur aus zeitlicher sondern auch aus finanzieller Sicht (jeder Bogen war mit einem frankierten Rückumschlag versehen) und der enttäuschend geringe Rücklauf machte mir deutlich, dass über eine unpersönliche, schriftliche Anfrage – auch bei aktiver Unterstützung durch Schulrepräsentanten – an meine Zielgruppe sehr schwer heranzutreten ist. Schlussendlich habe ich die Unterstützung von privaten „Mittelsleuten" für die Verteilung des Fragebogens in Anspruch genommen. In Deutschland konnte ich so 20 ausgefüllte Fragebögen gewonnen.

Für meine Untersuchungen in Australien konnte ich in Sydney und Melbourne InterviewpartnerInnen über das Forschungsprojekt gewinnen. Der Fragebogen wurde jeweils in die türkische Sprache übersetzt und unterschied sich für die Probanden auf deutscher und australischer Seite darin, dass auf die korrekte Verwendung landesspezifischer Gegebenheiten geachtet wurde. Über Kontakte zu SchulleiterInnen und SozialpädagogInnen habe ich an verschiedenen öffentlichen und privaten Schulen[10] 35 Fragebögen verteilen lassen. Dabei wurden bereits potenziell gesprächsbereite Eltern angesprochen. Trotz der optimistischen Voreinschätzung belief sich der Rücklauf auf nur ein Exemplar.

Ein weiterer wichtiger Schritt in der Vorbereitung der Interviews war die Entwicklung des Interviewleitfadens. Dabei sollte der Leitfaden die relevanten Themenbereiche der Arbeit abdecken. Im Interview dient er sowohl als Orientierung und

---

[9] IGS Linden, Kronsbergschule Hannover, Hauptschule Wedemark, Brinker Schule (Haupt- und Realschule), Gymnasium Langenhagen

[10] Hume Secondary College (Meadow Heights, Melbourne), Roxburgh Park Secondary School (Melbourne), Ilim College (Melbourne)

Checkliste, um wichtige Inhalte zum Zeitpunkt des Interviews nicht auszuklammern. Dies ist insbesondere für die Vergleichbarkeit bei der Auswertung von Bedeutung. Der Leitfaden ist offen strukturiert, d.h. eine Reihenfolge der Themen, wie sie im Interview angesprochen werden, ist nicht vorgegeben.
Folgende Inhalte habe ich für den Leitfaden gewählt:

- Eigene Schulerfahrung der Eltern
- Schulische Situation der Kinder
- Zukunftsperspektiven
- Bildungsmaßnahmen/ Eigeninitiative
- Wissensstand über schulische Abläufe
- Informationsbedarf
- Kommunikation/Kontakt
- Kulturelle Identität
- Sprache
- Religion

Bei den Expertengesprächen stand im Vordergrund, die in den Interviews gewonnenen Erkenntnisse von institutioneller, d. h. schulischer Seite, aber eben auch von speziell in die Thematik der Eltern- und Jugendarbeit mit Migranten eingebundenen Fachpersonen widerspiegeln zu lassen. Für die Expertengespräche in Deutschland wurden gewonnen:

- Dorothea Mohlfeld, Sozialpädagogin der IGS Linden (Hannover) und Mitinitiatorin des Projektes „Muttersprachlicher Elternabend“ (siehe 2.2.3)
- Ehud Hizli, stellvertretender Direktor des VIB e.V. Sprachzentrum Steintor (Hannover)
- Vera Stucke, Lehrerin der Grundschule Lehrte (Hannover)

Die Experteninterviews wurden auf australischer Seite geführt mit:

- Janine Laurence, Schulleiterin des Preston Girls College (Melbourne)
- Lyndell Hidben, stellvertretende Schulleiterin des Meadow Heights Secondary College (Melbourne),
- Maree Zagorski, stellvertretende Schulleiterin der Gladstone Park Secondary School (Melbourne),
- Helen Vassiliadis, Sozialpädagogin an dem Englisch Learning Center Meadow Heights (Melbourne),
- Selim Keyikci, stellvertretender Schulleiter des privaten Ilim College, Broadmeadows (Melbourne).

4.4 Durchführung der Interviews

Alle Befragungen wurden als Einzelinterviews geführt. Dabei betrug die Dauer der Interviews zwischen 60 bis 120 Minuten. Durchschnittlich dauerte ein Interview etwa 90 Minuten. Im Falle der australischen Interviewpartnerinnen führte ich drei der Interviews telefonisch durch. In diesem Fall war meinerseits aufgrund der Distanz Melbourne - Sydney ein weiteres persönliches Treffen nicht zu realisieren. Weder in Deutschland noch in Australien hatten die TeilnehmerInnen Vorbehalte oder Schwierigkeiten, die Interviews auf Deutsch bzw. in der englischen Sprache durchzuführen. Alle Interviews fanden in der Regel bei den Befragten zu Hause oder an ihrem Arbeitsplatz statt. In jedem Fall verblieben die InterviewteilnehmerInnen in einem ihnen vertrauten Umfeld.
Bei Interviewbeginn wurde jeweils nach demselben Muster verfahren. Zunächst habe ich meine Person und mein Vorhaben vorgestellt und auch meinen persönlichen Anteil und Zugang zu der Untersuchungsthematik dargelegt. Danach hatten die Gesprächspartner die Möglichkeit, selbst Fragen zu meiner Person zu stellen.

Entgegen der ursprünglichen Planung, konnte ich, mit einer Ausnahme keine Gespräche mit dem Diktiergerät mitschneiden. In manchen Fällen hätte die Verwendung eines Tonbandgerätes eine vertrauensvolle und offene Kommunikation beeinträchtigt. Bei sämtlichen Interviews habe ich Notizen gemacht und im Anschluss an die Interviews ein Gedächtnisprotokoll verfasst, in welches auch Beobachtungen und Bemerkungen einflossen. Es galt während des Gesprächs den Augenkontakt mit meinem Gegenüber aufrechtzuerhalten, inhaltlich zu verfolgen und meinen Leitfaden dabei nicht außer Acht zu lassen. Grundsätzlich kann die Gesprächsatmosphäre als offen und vertrauensvoll bezeichnet werden. Bei manchen Gesprächspartnern erlebte ich in Bezug auf wenige der berührten Themenbereiche eine spürbare Zurückhaltung.

4.5 Die qualitative Inhaltsanalyse nach Mayring (2002)

Grundlage der qualitativen Inhaltsanalyse ist die schrittweise und methodologisch streng kontrollierte Auswertung von Texten. Dabei wird das Textmaterial in Einheiten zerlegt, die nacheinander bearbeitet werden. Durch das theoriegeleitet am Material entwickelte Kategoriensystem werden die Aspekte festgelegt, die aus dem Material herausgefiltert werden sollen (Mayring 2002: 114ff). Die Wahl dieser Methodik soll mir die Analyse auf unterschiedlichen inhaltlichen Ebenen ermöglichen. Zum einen sollen die persönlichen Anschauungen und Gedankenkonstrukte des oder der Befragten erfasst und zum anderen aber auch aus dem situativen Kontext zu schließende Inhalte interpretiert und analysiert werden. Ergänzt werden die in Interviews gewonnenen Daten durch das Fragebogenmaterial und die Expertengespräche.

Dabei gibt es drei Grundformen qualitativer Inhaltsanalyse: *Zusammenfassung, Strukturierung* und *Explikation* des Materials (Mayring 2002: 115).

Ziel der zusammenfassenden Inhaltsanalyse ist es, durch Abstraktion einen überschaubaren Korpus zu schaffen, der immer noch das Grundmaterial abbildet. Bei der Explikation wird hingegen zu einzelnen Textteilen zusätzliches Material herangetragen, das die Textstelle erläutert. Ziel der strukturierenden Analyse ist hingegen, bestimmte Aspekte aus dem Material herauszufiltern, einen Querschnitt durch das Material zu legen oder es anhand bestimmter Kriterien einzuschätzen (Mayring 2002: 115ff). Für die Analyse des erhobenen Datenmaterials wird zunächst die zusammenfassende und explizierende Inhaltsanalyse angewendet. Dabei gilt es, das Material erst zu vereinheitlichen und schrittweise zu abstrahieren. Dem schließt sich die leitfadenorientierte Konstruktion des Kategorienschemas an. Das Material wird mit Hilfe der Kategorienbegriffe geordnet. Um das Verfahren zu erleichtern, wurden die zentralen Inhalte der Interviews abstrahiert und zusammengefasst. Mit deren Hilfe wurde das Interviewmaterial auf weitere Kategorien, die nicht durch das vorläufige aus dem Leitfaden abgeleitete Kategorienschema abgedeckt waren, durchgesehen.

Bildung von Kategorien und Materialcodierung

Nach einer ersten Auswertung des Interviewmaterials wurden folgende Kategorien für die weitere Analyse ausgearbeitet:

- Familiale Ausgangssituation
- Eigene Schulerfahrung
- Schulische Abläufe und Bildungsinstanzen
- Schule und Eltern
- Elterliche Aktivitäten
- Sprache
- Religion
- Bildungsaspirationen
- Zukunftsperspektiven

Auch die Codierung des Fragebogenmaterials und der Expertengespräche erfolgte anhand des entwickelten Kategoriensystems.

5 Auswertung und Interpretation

Die Auswertung folgt der im vorangegangenen Kapitel vorgestellten Kategorienstruktur. Vorangestellt ist eine Übersicht über sozialdemografischen Daten der befragten Personen. „IP-DE" (1-5) bezeichnet in der Auswertung die Interview-partnerInnen aus **De**utschland, „IP-AUS" (1-5) diejenigen aus **Aus**tralien.

5.1 Soziodemografische Daten der TeilnehmerInnen

An den problemzentrierten Interviews haben in Deutschland und Australien je fünf Personen teilgenommen, neun Frauen und ein Mann. Sechs der TeilnehmerInnen sind zwischen 35 und 40 Jahren alt, vier sind älter als 40 Jahre.
Von den Interviewpartnerinnen haben drei jeweils ein Kind, vier zwei und drei je drei Kinder. Das jüngste Kind ist ein Jahr alt, das älteste 26. Die Mehrzahl der Kinder sind Mädchen (15 vs. 5).
Alle InterviewpartnerInnen sind verheiratet, eine Probandin lebt von ihrem Ehemann getrennt. Die Hälfte der Befragten ist unselbständig erwerbstätig, zwei sind Hausfrauen, eine der Interviewpartnerinnen studiert (IP-DE 2) und eine weitere ist selbständig erwerbstätig (IP-DE 1).
Für die Fragebogenaktion wurden zwanzig Probanden in Deutschland und ein Proband in Australien gewonnen. Zwei der Teilnehmer sind jünger als 35 Jahre, neun sind zwischen 35 und 40 Jahren alt und zehn älter als 40 Jahre. Insgesamt haben 15 Frauen und 6 Männer den Fragebogen ausgefüllt.
Drei der TeilnehmerInnen haben jeweils ein Kind, 13 zwei Kinder und zwei haben drei Kinder, drei der Teilnehmer haben vier, fünf bzw. sechs Kinder. Insgesamt

haben die FragebogenteilnehmerInnen 27 Mädchen und 23 Jungen. Dabei ergibt sich die in *Abbildung 1* dargestellte Altersverteilung der Kinder:

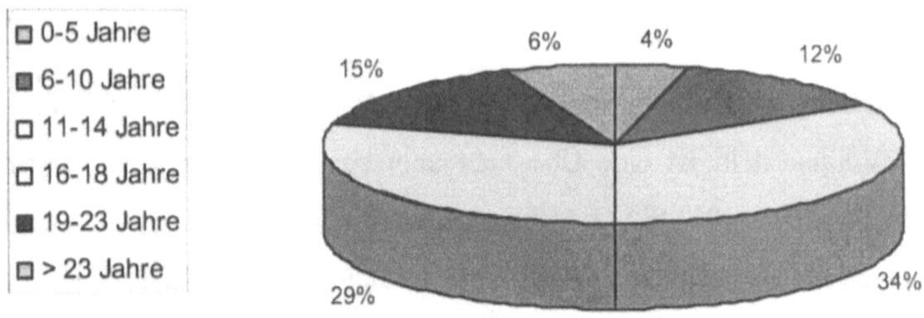

Abb. 1: Altersverteilung der Kinder der FragebogenteilnehmerInnen (N = 50).

Insgesamt sind 85 % der über den Fragebogen in Deutschland befragten Eltern unselbständig erwerbstätig, 10% sind Hausfrauen und 5% selbstständig erwerbstätig. 15 ProbandInnen sind verheiratet, drei sind geschieden oder getrennt lebend, zwei Personen sind verwitwet.

5.2 Auswertung der Kategorien

5.2.1 Familiale Ausgangssituation

Mit einer Ausnahme sind die InterviewpartnerInnen in der Türkei geboren und haben selbst die Erfahrung der Migration durchlebt. Es zeigen sich jedoch Unterschiede im Einreisealter (*Abb. 2*) und davon abhängig, ob die Entscheidung zur Migration selbst oder durch die Familie getroffen wurde. Sieben der InterviewpartnerInnen kamen im Kindes- oder Jugendalter mit ihren Eltern nach Deutschland oder Australien, zwei der Interviewpartnerinnen sind gemeinsam mit ihrem Ehepartner zugewandert.

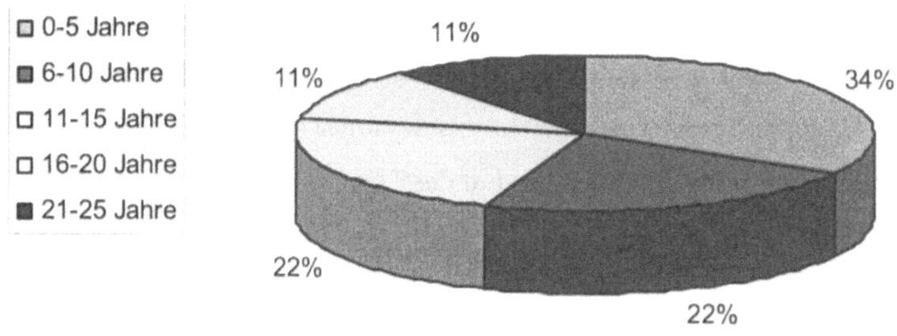

Abb. 2: Einreisealter der InterviewpartnerInnen (N = 10).

Für die FragebogenteilnehmerInnen (die in der Türkei geboren wurden) ergeben sich geringe Unterschiede hinsichtlich des Einreisealters (*Abb.3*).

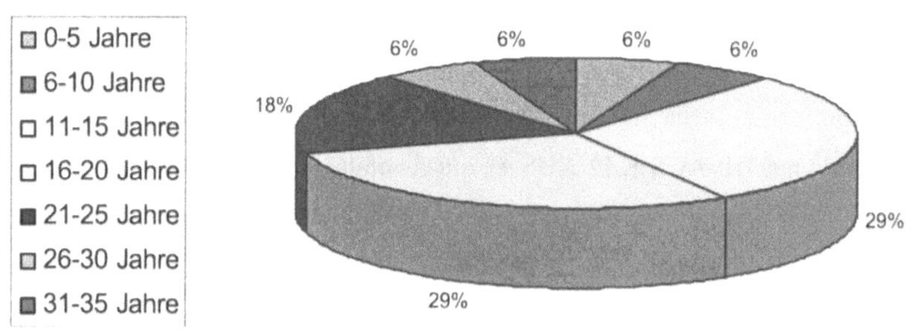

Abb. 3: Einreisealter der FragebogenteilnehmerInnen (N = 20).

Auch aus den Angaben in den Fragebögen lassen sich individuelle Migrationserfahrungen ableiten. So sind drei der Befragten im Alter zwischen 20 und 35 Jahren mit ihren Kindern nach Deutschland gekommen. Immerhin fünf dieser Kinder, die heute teilweise noch im schulpflichtigen Alter sind, haben ebenso wie ihre Eltern eigene Migrationserfahrungen durchlebt. In einem Fall reiste die Familie für die Geburt der Tochter in die Türkei, damit diese die türkische Staatsbürgerschaft erhält. Am dritten Lebenstag der Tochter kehrte die Familie wieder zurück nach Deutschland.

Zwischen den verschiedenen Altergruppen, bezogen auf den Zeitpunkt der Einreise nach Deutschland oder Australien, ergeben sich unterschiedliche Sozialisationsbedingungen. So haben zwei der Interviewpartner (IP-AUS 2, IP-AUS 4) den größten Teil ihrer Kindheit und Jugend in der Türkei verbracht, während drei (IP-DE 2, IP-AUS 3, IP-AUS 5) bei ihrer Migration im Einschulungsalter waren. Zwei Probandinnen (IP-DE 1, IP-AUS 1) sind mit ihren Familien im Alter von 12 bzw. 14 Jahren eingewandert und hatten dadurch eine Unterbrechung ihrer Schulzeit erlebt.

In einem Falle führte dies dazu, dass sich die Interviewpartnerin (IP-DE 1) nirgendwo wirklich heimisch fühlt und selbst in der Türkei als Fremde angesehen wird. Sie selbst wünscht sich, sie wäre nie nach Deutschland gekommen. Eigene Migrationserfahrung, schwierige Arbeitsbedingungen und das Gefühl der Ungleichbehandlung gegenüber Inländern geben ihr das Gefühl, nicht in Deutschland angekommen zu sein. Im Gegensatz dazu stehen die Erfahrungen von zwei der Probandinnen (IP-AUS 1, IP-AUS 4), die ebenfalls im Jugendalter von 14 bzw. 19 Jahren nach Australien gekommen sind. Ihr Verhältnis zu ihrer neuen Heimat ist konträr zu den Gefühlen, die IP-DE 1 empfindet. Beide betonen, wie sehr sie sich „aufgenommen“ und „glücklich“ in Australien fühlen.

Alle der InterviewteilnehmerInnen besuchen nach Möglichkeit in ihrem Urlaub oder den Ferien der Kinder die Türkei. Dabei sind die Frequenz der Reisen und die Aufenthaltsdauer abhängig von der Entfernung zum ehemaligen Heimatland. Die Bindung zum Heimatland spielt für alle weiterhin eine große Rolle.

Alle für die Interviews in Deutschland gewonnenen Probanden leben in Hannover oder dem Umland. Eine Probandin (IP-DE 5) lebt in Linden-Süd, einem Stadtteil von Hannover, in dem sehr viele Menschen mit Migrationshintergrund ansässig sind. Zwei (IP-DE 1, IP-DE 3) leben hingegen im ländlichen Umland mit einem geringen Migrantenanteil an der Wohnbevölkerung. Die Interviewpartnerinnen aus Melbourne und Sydney wohnen in den Stadtgebieten Broadmeadows (Melbourne), bzw. Auburn und Canterbury (Sydney), Stadtteile mit einem hohen Anteil eingewanderter Wohnbevölkerung. Die Mehrheit der türkischen Wohnbevölkerung in Australien lebt in industrienahen Stadtteilen und Vororten Melbournes und Sydneys, in denen sich *ethnic communities* mit eigenen institutionellen und sozialen Strukturen entwickelt haben.

Nach den Auskünften der Lehrerin Vera Stucke bestreiten die meisten türkischen Eltern ihrer GrundschülerInnen in Lehrte ihren Unterhalt von Hartz IV oder arbeiten auf 400-Euro-Basis. Ähnlich wie in einigen Stadtteilen Hannovers, zum Beispiel Vahrenheide oder Sahlkamp, leben in der Stadt Lehrte viele Familien mit einem niedrigen sozialen Status in Hochhaussiedlungen. Der Anteil der arbeitslosen Wohnbevölkerung liegt über dem landesweiten Durchschnitt. Bei alleiniger Betrachtung der Arbeitslosenquote für die ausländische Wohnbevölkerung, die für diese Gruppe signifikant höher ausfällt, liegt deren Armutsrisiko deutlich über dem der Gesamtbevölkerung. Für die Integration in den Arbeitsmarkt hat die Reichweite und Zusammensetzung sozialer Netzwerke allgemein eine große Bedeutung (Gestring *et al.* 2006: 51). Da sich insbesondere türkischen MigrantInnen bei der Arbeitssuche vorwiegend auf Hilfe und Informationen von Familienmitgliedern, Freunden und Bekannten stützen, ist dies für diesen Personenkreis beim späteren Übergang von der Schule in die berufliche Ausbildung unbedingt zu bedenken. Alle erwerbstätigen InterviewpartnerInnen haben eine Vollzeitbeschäftigung. Hinsichtlich der Arbeitszeit ergeben sich jedoch unterschiedliche Ausgangssituationen, die zum Teil die Teilnahme an schulischen Veranstaltungen und auch die Übernahme von Verantwortung im Schulalltag erheblich erschweren. Besonders betroffen sind allein erziehende Mütter oder Väter, die bei Vollzeit-Berufstätigkeit besonders auf eine Ganztagsbetreuung der Kinder angewiesen sind. Dadurch ergeben sich sowohl für die Eltern als auch für die Schulen besondere organisatorische Herausforderungen. IP-DE 2 arbeitet als Krankenschwester im Schichtdienst und lebt von dem Vater der Tochter getrennt. Oftmals übernimmt ihre Schwester oder deren Ehemann organisatorische Aufgaben wie z.B. die Fahrt der Kinder zur Schule. Auch bei weiteren erzieherischen Aufgaben sind oftmals mehrere Familienmitglieder involviert. IP-DE 5 arbeitet oft in den Abend- und Nachtstunden, sodass hauptsächlich seine Frau die Betreuung der Kinder übernimmt. Einige der FragebogenteilnehmerInnen arbeiten als niedrig qualifizierte Arbeitskräfte im Schichtdienst und haben erst im Mittag oder Nachmittag Arbeitsbeginn. Ein sehr früher oder sehr später Arbeitsbeginn erschwert zusätzlich vielen der Eltern die aktive Teilnahme am schulischen Alltag der Kinder. Sowohl die InterviewpartnerInnen als auch die FragebogenteilnehmerInnen geben an, dass oftmals Familienangehörige in die Kinderbetreuung und -erziehung eingebunden sind.Auf die Frage „Wer kümmert sich in Ihrer Familie hauptsächlich um schulische Belange?" antwortete die Mehrheit der FragebogenteilnehmerInnen, dass sich ein oder beide Elternteile darum kümmern. In einem Drittel der Familien sind es andere Familienmitglieder, die allein oder gemeinsam mit den Eltern die Betreuung in schulischen Angelegenheiten übernehmen (*Abb.4*).

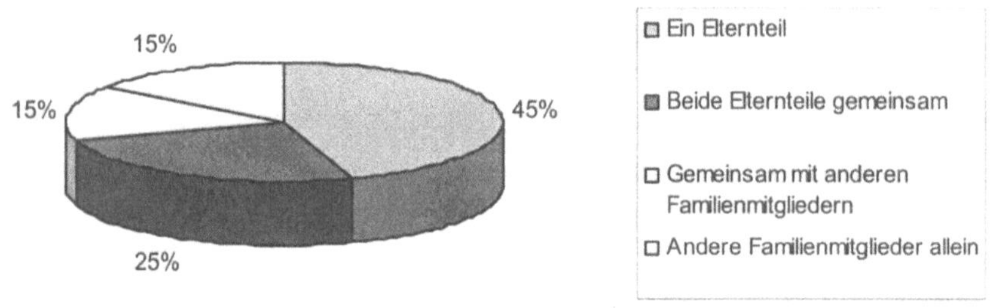

Abb. 4: Unterstützung bei schulischen Belangen; FragebogenteilnehmerInnen (N = 20).

Oftmals sind es nicht nur nähere Verwandte wie Tanten, Onkel, Cousins oder Cousinen, die die schulische Betreuung der Kinder übernehmen, sondern auch ältere Geschwister.

5.2.2 Eigene Schulerfahrungen

Die Schulerfahrungen der InterviewpartnerInnen unterscheiden sich zwangsläufig aufgrund des unterschiedlichen Einreisealters und Eintritts in das neue Bildungssystem. Aber auch der weitere Bildungsverlauf und der Einfluss der eigenen Eltern führen zu abweichenden Bewertungen der eigenen Erfahrung. Insgesamt haben von fünf InterviewpartnerInnen in Deutschland vier ihre Schulzeit zu Teilen in der Türkei verbracht. Es resultieren daraus individuelle Schulerfahrungen, die im Folgenden beschrieben werden.

Eine Probandin (IP-DE 2) hat insgesamt dreimal die erste Klasse wiederholen müssen. Sie ist als junges Mädchen in Deutschland eingeschult worden, dann kehrte die Familie zurück in die Türkei und sie hat die erste Klasse dort wiederholt. Nach einem Jahr ging die Familie erneut nach Deutschland und sie wiederholte die erste Klasse nun zum dritten Mal. Nach dem Besuch der Grundschule hat sie die Realschule besucht und wechselte von dort auf das Gymnasium, das sie mit dem Abitur abschloss. Rückblickend berichtet sie, dass von 35 MitschülerInnen nur fünf die Schulzeit mit dem Abitur abgeschlossen, zehn haben die Realschule beendet und 20 MitschülerInnen die Schule ohne Abschluss verlassen hätten. Vor diesem Hintergrund, betont sie, sei sie stolz, „es geschafft zu haben".

Nur eine der InterviewpartnerInnen (IP-DE 4) ist in Deutschland geboren worden. Sie hat keine Unterbrechungen ihrer Schullaufbahn erlebt und schloss diese auf einer Integrierten Gesamtschule mit einem Realschulabschluss ab. Aber auch die Probanden, die im frühen Kindesalter mit ihren Familien ausgewandert sind, wurden in Deutschland eingeschult. Eine Probandin (IP-DE 3) ist mit acht Jahren nach Deutschland gekommen und hat mit der ersten Grundschulklasse begonnen. Im weiteren Verlauf hat sie die Hauptschule besucht und ihren Realschulabschluss gemacht. Auch der Proband IP-DE 5 beendete seine Schulzeit mit einem Hauptschulabschluss.

Allein IP-DE 1, die als Jugendliche nach Deutschland kam, lernte zunächst in einer Sprachklasse Deutsch. Im Anschluss holte sie ihren Hauptschulabschluss auf dem zweiten Bildungsweg nach.

Alle InterviewpartnerInnen in Deutschland verfügen über persönliche Erfahrungen mit dem deutschen Schulsystem und bewerten tun sie dieses im Nachhinein unterschiedlich. Für den einzigen männlichen Probanden (IP-DE 5) steht fest, dass ihm die eigene Schulerfahrung in Deutschland nicht wirklich bei der Schulzeit der eigenen Kinder helfen würde. Heute lernten die Schüler viel mehr mit dem Computer und insgesamt sei der Lernumfang deutlich gewachsen. Auch für eine weitere Teilnehmerin ist dies ein wesentlicher Unterschied zwischen der eigenen Schulzeit und der der Kinder. Die Schule sei heute viel schwieriger und den Kindern würde mehr abverlangt werden. Eine andere Probandin (IP-DE 3) erinnert sich an das schulische Umfeld. Sie betont, die Lehrer wären sehr nett und überhaupt nicht ausländerfeindlich gewesen. An ihrer Schule war sie mit drei anderen Kindern die einzigen mit türkischem Migrationshintergrund, während eine weitere Probandin (IP-DE 2) an einer Schule mit sehr vielen türkischen SchülerInnen unterrichtet wurde. Diese Schule bot durch eine Kooperation mit dem türkischen Konsulat auch türkischsprachigen Unterricht an. Türkisch konnte als zweite Fremdsprache belegt werden, zusätzlich wurde Deutschunterricht für die Eltern angeboten.

Für die australischen Probandinnen stellt sich die Situation wie folgt dar. Drei der InterviewpartnerInnen haben ihre Schulzeit teilweise in der Türkei und Australien, zwei (IP-AUS 2, IP-AUS 4) die gesamte Schulzeit in der Türkei absolviert. Heute empfindet insbesondere eine Probandin (IPAUS 5) ihre Schulzeit in Australien als „sehr hilfreich“. Sie profitiere bei der Betreuung der eigenen Kinder von ihrem Wissen, das sie über das Schulwesen und vor allem, wie sie betont, „über Abschlüsse und Fächer“ hat. Übergreifend berichten die InterviewpartnerInnen in Australien, dass sie kaum oder keine Unterstützung durch ihre Eltern im schulischen Alltag bekommen konnten. Eine Probandin (IP-AUS 1) beschreibt die Schulzeit als „eine schwierige Zeit“. Da ihre Eltern selbst kein Englisch sprachen, konnten sie ihre Tochter bei Hausaufgaben oder anderen schulischen Belangen nicht unterstützen. Es gab keine Schulbesuche der Eltern und keinen Kontakt zu den LehrerInnen, von denen eine durch die Probandin als zentrale Figur in ihrer Schulzeit beschrieben wird. Durch die von der Lehrerin erhaltene Förderung wäre ihre Schulzeit dennoch erfolgreich verlaufen. Die fehlende Unterstützung ihrer

Eltern nimmt sie als „Fehler“ war, den sie bei ihren Kindern nicht wiederholen möchte. Diese Erfahrung ist ein zentrales Motiv für die Unterstützung, die sie heute ihren eigenen Kinder zukommen lassen will. Eine andere Probandin (IP-AUS 3) aus Australien beschreibt eine ähnliche Situation. Auch ihre Eltern sprachen kein Englisch und waren ihren Worten nach „eher ungebildet“. Wie im vorhergehenden Fall konnten die Eltern keine Unterstützung bei den Hausaufgaben geben. Es gab keinen Kontakt zu der Schule der Kinder. Beide Interviewpartnerinnen haben aufgrund ihrer eigenen als negative empfundenen Erfahrungen das Bewusstsein entwickelt, dass Eltern wesentliche Unterstützung in der schulischen Laufbahn ihrer Kinder bieten sollten und haben sich deshalb bewusst für eine aktive Begleitung ihrer Kinder im Schulalltag entschieden. Ihnen ist allerdings auch durchaus bewusst, dass die eigenen Eltern aufgrund ihrer damaligen Situation nicht in der Lage waren, die notwendige Unterstützung zu bieten. Die Lehrerin Vera Stucke berichtet aus ihrer Grundschulklasse. Hier verfügt kaum eine der Mütter über eigene Schulerfahrung in Deutschland. Auch hat kein Elternteil die Hochschulreife oder einen vergleichbaren Abschluss inne. Von den FragebogenteilnehmerInnen wiederum haben acht Personen eine Schule in Deutschland besucht, während zwölf der befragten Eltern keine eigenen Erfahrungen mit dem deutschen Schulsystem gesammelt haben. Rückblickend bezeichnen alle Eltern, die eine Schule in Deutschland besucht haben, ihre Erfahrung als förderlich für die Schulzeit der eigenen Kinder. Neben der Sprachkompetenz im Deutschen ist für die Mehrzahl besonders das Verständnis über Schulsystem und Abschlussmöglichkeiten im schulischen Alltag der eigenen Kinder hilfreich.

Einige der Interviewpartnerinnen berichten, dass sie ihre Schullaufbahn zugunsten der Mithilfe bei den Eltern frühzeitig aufgeben mussten. Eine Probandin (IP-AUS 1) begann direkt nach Abschluss ihrer Schulzeit den Eltern in deren Geschäft zu helfen. Damit sei der von ihr avisierte Besuch einer Universität nicht mehr möglich gewesen. Die Entscheidungsmöglichkeiten der heutigen Jugend habe sie nicht gehabt, stellt eine weitere Probandin fest. Während ihrer Schulzeit seien die Erwartungen ihrer Eltern wegweisend und richtungbestimmend gewesen. Auch eine Probandin aus Deutschland (IP-DE 1) beschreibt, dass es in ihrer Kindheit völlig normal gewesen sei, dass die Kinder ihren Eltern halfen und in manchen Fällen auch die Schule dafür abbrachen. Die Migration bringt für die Betroffenen nicht nur Veränderungen der Familienstruktur mit sich, sondern beeinflusst auch das Generationenverhältnis (Nauck 2007). Viele der Migrationsziele lassen sich nur gemeinsam realisieren und legitimieren. Hinzu kommt, dass in der Türkei soziale und materielle Sicherungsleistungen mehrheitlich über die gesamte Familie erbracht wurden, was unmittelbar Auswirkungen auf die Erwartungsbeziehungen der Eltern und Kinder hat.

5.2.3 Schulische Abläufe und Bildungsinstanzen

Die befragten Eltern und deren Kinder stehen in Australien und Deutschland gleichermaßen vor wichtigen Bildungsentscheidungen und Herausforderungen. Welche elterlichen Ambitionen kommen dabei zum Tragen, welches Wissen steht zur Verfügung? Nicht nur jahrgangsbedingt haben die Eltern und Kinder wichtige Entscheidungen in der Schullaufbahn zu treffen. Welche Faktoren spielen für die Entscheidungsfindung in schulischen Belangen, wie zum Beispiel der Schulwahl, bei den befragten Eltern eine Rolle?

Zum einen spielt gerade in Deutschland die *Übergangsentscheidung* nach der Grundschule eine besondere Rolle. Drei der Interviewpartnerinnen haben Kinder, die eine Schule im Primarbereich besuchen. Der Übergang vom Primar- zum Sekundarbereich ist insofern die wichtigste Bildungsentscheidung, als dass über den Abschluss der Zugang zu beruflichen und gesellschaftlichen Positionen entschieden wird und mit der Wahl einer der unterschiedlichen Schularten unterschiedliche Qualifizierungen geboten werden. Anders als das australische Gesamtschulsystem vermitteln die verschiedenen Schularten in Deutschland unterschiedliche Qualifikationen, die sich in den möglichen Bildungsabschlüssen niederschlagen.

Mit Ausnahme einiger Bundesländer[11] sind es in Deutschland die Eltern, die die letztendliche Entscheidung über einen Schultyp treffen. Damit können sie bedeutsamen Einfluss auf die schulische Laufbahn ihrer Kinder ausüben (Diefenbach 2007: 17, 50ff).

Die Tochter einer Probandin (IP-DE 1) wird in Kürze auf eine weiterführende Schule wechseln. So steht die Mutter vor der Entscheidung, ob sie der Realschulempfehlung durch den Lehrer folgen wird oder ihren Elternwillen durchsetzt und das Kind am Gymnasium anmeldet. Sie ist sich der Tragweite der Entscheidung für den weiteren Ausbildungsweg bewusst, aber fühlt sich mit der Entscheidung aktuell überfordert. Nach einer Informationsveranstaltung am Gymnasium ist sie durch den hohen Erwartungsdruck erschreckt und verunsichert. Sie zweifle, ob ihre Tochter dem gewachsen sei. Sie berichtet, dass sie nach der Veranstaltung dachte, „oh mein Gott, was kommt da Schlimmes auf die Kinder zu?“. Eine negative Erfahrung stellt für sie das Scheitern ihres Neffen am Gymnasium dar. Trotz einer Hauptschulempfehlung wurde er auf Wunsch ihrer Schwester am Gymnasium angemeldet. Den Anforderungen nicht gewachsen, wechselte er auf die Realschule und später auf die Hauptschule. Eine „Odyssee“, wie sie sagt, die sie ihrer Tochter ersparen möchte. Ihrer Meinung nach findet die Entscheidung über den weiterführenden Schultyp viel zu früh in der kindlichen Entwicklung statt.

Eine weitere Probandin (IP-DE 3) teilt diese Ansicht und äußert ihr Bedauern über die Abschaffung der Orientierungsstufe. Sie hat entgegen der Realschulempfehlung ihre Tochter auf dem Gymnasium angemeldet und ist bisher mit dieser Entscheidung sehr zufrieden. Auch die FragebogenteilnehmerInnen gehen kritisch mit der Übergangsentscheidung ins Gericht. Die Mehrzahl der Eltern gibt an, dass der Zeitpunkt der Entscheidung zu früh für die Kinder komme.

Für einige der befragten Eltern stellt die Wahl der richtigen Schule eine wichtige Entscheidung dar. Insbesondere die *demografische Zusammensetzung der Schülerschaft* an der Schule ist ein entscheidender Faktor bei der Schulwahl.

[11] Bayern, Baden-Württemberg, Sachsen und Thüringen

Eine Probandin (IP-DE 2) überlegt, ihre Tochter an der gleichen Grundschule wie den Sohn anzumelden. Dass die Hälfte aller SchülerInnen einen Migrationshintergrund hat, missfalle ihr. Die Tochter einer weiteren Probandin (IP-DE 1) hat in Hannover zunächst eine Schule mit einem sehr hohen Anteil an SchülerInnen mit Migrationshintergrund besucht. Ihr habe sehr missfallen, dass sich die meisten der SchülerInnen, auch ihre Tochter, in Gruppen wiedergefunden haben, die sich über ihre ethnische Zugehörigkeit abgegrenzten. Es habe hin und wieder Auseinandersetzungen zwischen türkischen, kurdischen oder kroatischen Gruppen an dieser Schule gegeben. Den Schulwechsel, der auch durch einen Wohnortwechsel der gesamten Familie bedingt gewesen ist, habe sie sehr begrüßt. Mit dem Wechsel auf eine neue Schule, an der nun sehr wenige SchülerInnen einen Migrationshintergrund haben, habe sie allerdings auch die Befürchtung gehabt, dass die Tochter als „Ausländerin abgestempelt" werden könnte. Eine andere Probandin im gleichen Einzugsgebiet (IP-DE 3) berichtet von der gleichen Befürchtung. Heute beschreibt sie die Grundschulzeit der Tochter als „sehr schön" und „Hänseleien" habe es nicht gegeben. Für beide Mütter spielt die Einbindung und Zugehörigkeit der Kinder in einem diskriminierungsfreien sozialen Umfeld eine besondere Rolle. Auch über Fragebogen äußerten sich Eltern gezielt über die Zusammensetzung der Schulklassen. So sind zwei der befragten Familien wegen ihrer Kinder in einen anderen Stadtteil und damit in ein anderes schulisches Einzugsgebiet gezogen, damit nicht zu viele „Ausländer" in den Klassen seien. Ein Vater befürchtet, dass die Kinder einen schulischen Nachtteil durch „Ausländerklassen" haben.

Die Mehrzahl der in Australien und Deutschland befragten Eltern wünscht sich vor allem ein „sicheres" Umfeld für ihre Kinder. Das bedeutet, die Kinder sollen möglichst fern von „schädlichen Einflüssen" aufwachsen, aber auch, dass sie ein Umfeld erleben, in dem sie sich nicht fremd oder ausgegrenzt fühlen.

Für einige der befragten Eltern ist das Vorhandensein einer ethnisch, kulturell oder religiös konformen Gruppe im Schulalltag der Kinder wichtig. Diese Punkte nehmen in den Überlegungen der Eltern bedeutenden Einfluss auf die *Schulwahl.*

Aber auch die Meinungen von Verwandten, Freunden oder Bekannten sind wesentliche Einflussfaktoren bei der elterlichen Schulwahl.

Für die in Australien befragten Eltern nimmt die Wahl zwischen öffentlicher oder privater Schule eine besondere Rolle ein. Die privaten Schulen in Australien sind eine starke Konkurrenz zu den öffentlichen Schulen. Eine vergleichbare Anzahl privater Schulen, die ein ernstzunehmendes Gegengewicht zum öffentlichen Schulwesen bilden, gibt es in Deutschland in dieser Form (noch) nicht.

Die Tochter einer Probandin (IP-AUS 2) hat gerade die Aufnahmeprüfung für eine türkische Privatschule abgeschlossen. Diese Entscheidung falle vor allem zugunsten der „Sicherheit" der Tochter. Diese soll ein sicheres und drogenfreies Umfeld haben. Nach Elley (1988: 92) sind den Eltern in der Migrationssituation durch den Verlust der erweiterten Familienstruktur und der verstärkten Beanspruchung im Arbeitsleben auch die vertrauten Unterstützungsmöglichkeiten genommen, die vor allem bei den Müttern Besorgnis über die physische Sicherheit der Kinder wecken. Hinzu kommt, dass die privaten Schulen mit ihren außerordentlich guten Abschlussquoten im nationalen Schulvergleichen werben. Anders als den staatlichen Schulen ist den privaten Schulen allerdings auch die leistungsorientierte Selektion ihrer Schüler gestattet. Sie sind nicht durch Bezirksregelungen an die Aufnahme bestimmter SchülerInnen gebunden und verfügen über Wahlfreiheit. Die Tochter der Probandin IP-AUS 4 besuchte seit dem Kindergarten eine türkische Privatschule in Sydney. In der 10. Klasse erreichte sie in den Pflichtfächern nicht mehr das geforderte Leistungsniveau. Zusätzlich sei der Dresscode sehr strikt und das Mädchen durfte z.B. kein Makeup tragen. Auf Drängen der Schule hatte sie gemeinsam mit ihrem Ehemann beschlossen, die Tochter an einer öffentlichen Schule anzumelden. Nachdem Wechsel erlebt sie die „Freiheiten", die ihre Tochter nun habe, als klaren Vorteil, außerdem die Wohnortnähe der öffentlichen Schule. Im Gespräch berichtet sie, dass an der neuen Schule nur wenige muslimische SchülerInnen seien. Sie betont, dass es keine Diskriminierung gibt. Allerdings frage sie sich manchmal schon, ob manche zweideutigen Witze „wirklich nur ein Witz gewesen sind".

Aus Sicht einer der Teilnehmerinnen (IP-AUS 5) leidet die Disziplin an öffentlichen Schulen, da es keine Zulassungsbeschränkungen gibt. Aus diesem Grund besuche die ältere Tochter eine Privatschule, aufgrund der hohen Finanzierungskosten jedoch kann sie die jüngere Tochter nur auf eine öffentliche Schule schicken. Für die Probandin IP-AUS 1 kommt eine Privatschule aus finanziellen Gründen nicht in Frage. Im Gegensatz zu den meisten der befragten Eltern in Australien, teilt sie nicht die Ansicht, dass die Kinder auf den privaten Schulen eine bessere Unterstützung erhalten. Sie ist der Meinung, dass Privatschulen die Kinder bei Problemen schnell wieder entlassen würden. Für die Interviewpartnerin IP-AUS 4 steht fest, dass sich viele Eltern die Kosten einer privaten Schule nicht leisten können und daher ihre Wahl auf eine öffentliche Schule fiele. Auch ihr selbst falle die Finanzierung der privaten Schule nicht immer leicht. Eine Probandin (IP-AUS 2) betont, dass die Mittel der privaten Schulen die Finanzierung der staatlichen Schulen bei weitem übersteigen, dies käme den SchülerInnen auf den privaten Schulen zugute.

Eine Probandin (IP-AUS 3) hat eine private Schule gewählt, weil sie der Meinung ist, dass die Qualität staatlicher Schulen nachgelassen habe. Angebote und Ausstattung an den privaten Schulen seien wesentlich besser, die Lehrer mehr involviert und gezwungen, auch nach der Schule noch zu helfen. Diesen Service, meint sie, könnten die öffentlichen Schulen gar nicht bieten. Aufgrund ihres alevitischen Glaubens hat sie ihre Tochter nicht an einer der türkisch islamischen Privatschulen angemeldet, sondern eine katholische Privatschule gewählt.

5.3.4 Schule und Eltern

Elternabende und Elternsprechtage sind *eine* Möglichkeit für Eltern und LehrerInnen miteinander ins Gespräch zu kommen und sich über Abläufe oder den

Kenntnis- und Entwicklungsstand des Kindes auszutauschen. In den Interviews stellte sich heraus, dass aber die Mehrzahl der Eltern davon keinen Gebrauch macht. Alle Eltern wussten über die Termine der Veranstaltungen Bescheid und gaben unterschiedliche Gründe für ihr Fernbleiben an.

Eine Probandin (IP-DE 4) ist oftmals nicht in der Lage, an Veranstaltungen in den Abend- oder Nachmittagsstunden teilzunehmen, da sie im Schichtdienst arbeitet. Die Schwester, zu der sie in direkter Nachbarschaft wohnt, vertritt sie gelegentlich bei den Elternabenden. Ein weiterer Teilnehmer (IP-DE 5) ist durch seinen Beruf als Taxifahrer gerade in den Abendstunden zeitlich gebunden. Er hat bisher an keiner schulischen Veranstaltung teilgenommen. Er kennt die LehrerInnen der Tochter nicht persönlich. Die Probandin IP-AUS 2 begründet ihre Nichtteilnahme mit „Zeitmangel“, eine andere (IP-DE 3) zeigt kein Interesse an einer Teilnahme. „Das Meiste hört man ja auch von anderen Leuten“.

Im Gegensatz zu den InterviewpartnerInnen gaben dreizehn der FragebogenteilnehmerInnen an immer an Elternabenden oder -sprechtagen teilzunehmen, nur drei der TeilnehmerInnen gehen selbst nie zu Elternabenden. Auch hier wurden als Gründe für den Nichtbesuch die berufliche Verpflichtungen genannt und auf andere Familienmitglieder verwiesen, die sie vertreten würden. Eine Teilnehmerin gibt vor, nur während des Ramadan nicht an Elternabenden teilzunehmen. Eine andere (IP-DE 2) nimmt auch während des Ramadan an Elternabenden teil, hat aber der Lehrerin erklärt, dass die an diesen Abenden das Fastenbrechen einhalten muss.

Die Tatsache, dass viele der türkischen Eltern nicht an den institutionellen schulischen Veranstaltungen teilnehmen, wird von Seiten der Bildungsinstitutionen beklagt. In manchen Fällen kommt es erst gar nicht zu einer Zusammenarbeit zwischen Elternhaus und Schule. In dem Interview mit der Lehrerin Vera Stucke wurde diese Erfahrung bestätigt. Bei dem ersten Elternabend ihrer Grundschulklasse nahm keiner der türkischen Elternteile teil. Ein großes Hemmnis für die Eltern an Elternabenden teilzunehmen sind hauptsächlich mangelnde Sprachfertigkeiten. Eine Probandin (IP-AUS 3) erinnert sich an die eigenen Eltern, die aus

Furcht nicht an den Elternsprechtagen oder -abenden teilgenommen haben. „Alle Eltern hatten Angst zur Schule zu gehen". Eine andere Interviewpartnerin (IP-DE 1) geht alleine zu den Elternabenden, da ihr Mann nicht gut Deutsch spricht. Ihre Schwester und ihr Schwager nehmen nie an Elternabenden teil, da sie ganz schlecht Deutsch sprechen.

Dieses spezielle Problem, schildert die Sozialpädagogin Dorothea Mohlfeld, wurde an der IGS Linden durch das Projekt des Muttersprachlichen Elternabends adressiert. Durch ausgebildete türkischsprachige „Teamer" wurden auch die Eltern erreicht, die sonst aufgrund ihrer Sprachdefizite nicht an den institutionellen Veranstaltungen teilnehmen. Im Vorfeld wurden die Einladungen übersetzt und alle Eltern zusätzlich telefonisch kontaktiert. Die Resonanz auf die Veranstaltungen war sehr hoch.

> „Wir können nicht jedes Mal auf die nächste Generation warten, dass sie Deutsch sprechen lernt. Soviel Zeit ist für die Kinder nicht. Und wir brauchen die Eltern um die Kinder zu erreichen" (Dorothea Mohlfeld, IGS Linden).

Nicht nur über die sprachliche Kommunikation des Elternabends haben sich die Beteiligten in der Schule Gedanken gemacht. Auch der übliche Ablauf solcher Veranstaltungen, in den Klassenräumen auf den Stühlen der Kinder mit einem stark strukturierten Programmablauf bei dem der Lehrer oder die Lehrerin die Themen vorgibt, ist verändert worden. „Das war alles auch gegenläufig zu dem, wie es die Eltern selbst gestaltet hätten", sagt Dorothea Mohlfeld. Wichtig ist, sagt sie, eine erste „Vorlaufphase", in der man sich begrüßt und sich nach dem Befinden erkundigt. Dann „kommt man langsam zur Sache". Ebenfalls hatten die Eltern selbst die Möglichkeit Themen zu bestimmen. Ein Ergebnis der Elternabende war die Erkenntnis, dass vielen Eltern Aufbau und Abläufe in der Integrierten Gesamtschule auch nach fortgeschrittenen Schuljahren der Kinder nicht geläufig waren. „(...) die Eltern wussten nicht wie das hier abläuft, dass hier drei Schultypen in einer Klasse zusammensitzen, (...) was es heißt, eine Ganztagsschule zu sein und das es eben keine Hausaufgaben gibt". In Melbourne hält auch die weiterführende

Schule von Lyndell Hibden die Informationsveranstaltungen für Eltern nicht mehr in Form eines Vortrages ab, sondern schafft einen lockeren Rahmen für den Abend, bei dem auch Getränke gereicht werden. Dolmetscher sind immer anwesend. Die Eltern haben die Möglichkeit, worüber sie auch immer reden wollen, zu reden. Auch hier ist die Resonanz auf das neue Konzept sehr gut.

Ein neues Konzept verfolgt auch Vera Stucke. Die Lehrerin gestaltet den Elternabend in einer entspannten Atmosphäre durch gemeinsames Essen an einem runden Tisch. Damit kommt sie mit den Eltern ins Gespräch. Sie hat darüber hinaus in Eigeninitiative eine Dolmetscherin engagiert, mit deren Hilfe sie die Eltern telefonisch kontaktiert oder auch zuhause besucht. Damit erreicht sie die Eltern, die sie sonst an den Elternabenden nicht angetroffen hätte. Anders als Lyndell Hibden in Australien, steht den Schulen in Deutschland allerdings kein kostenloser Dolmetscherservice zur Verfügung. In Australien übernimmt der Staat die Kosten über einen Dolmetscherservice für Schule und Eltern. Auch bei Telefonate steht ein Dolmetscherservice 24 Stunden bereit, zum Beispiel der „All Graduate Service" in Victoria. Die Dolmetscher, berichtet eine Probandin (IP-AUS 2), sind in jedem Fall verfügbar und „brechen schnell das Eis". Dennoch bringen trotz der Anwesenheit von Dolmetschern bei den Elternsprechtagen viele Eltern ältere Geschwister zum Dolmetschen mit, berichten Lyndell Hibden und Maree Zagorski, stellvertretende Leiterin der Gladstone Park Secondary School. In einigen Fällen übernehmen die ältesten Kinder sogar alleine den Besuch von Elternabenden oder Informationsveranstaltungen.

In den Interviews wurde deutlich, dass die Eltern Wert auf eine persönliche Kontaktaufnahme mit den LehrerInnen legen und sich weniger über die formalisierte Abwicklung eines Elternabends angesprochen fühlen. Die Probandin IP-AUS 2 sagt, es sei ihr besonders wichtig, dass sie sich in der Schule immer „willkommen" fühlt. Sie verfügt über die persönliche E-Mail-Adresse und Telefonnummer der Lehrerin und betont, dass es ihr wichtig ist, schnell und unbürokratisch mit der

Lehrerin ihrer Kinder in Kontakt treten zu können. Dieser Aspekt war auch für die anderen InterviewpartnerInnen von größter Bedeutung.

Die Kontaktmöglichkeiten zwischen Eltern und Schule sind vielfältig (*siehe S.16-17*), doch scheint nicht jedes Medium geeignet zu sein, ein auf Dialog ausgerichtetes Kommunikationsumfeld zu schaffen. So erklärt sich für mich im Nachhinein, dass meine schriftlichen Anfragen für Interviews bei den Eltern so eine geringe Resonanz hatten. Sowohl Maree Zagorski, Lyndell Hibden, Janine Laurence in Melbourne sowie Dorothea Mohlfeld in Hannover berichten ihrerseits von niedrigen Rücklaufquoten bei schriftlichen Anfragen. Dabei sind durchaus unterschiedliche Strategien verfolgt worden. An den australischen Schulen in Victoria wird jede offizielle Kommunikation durch die Schulleitung oder das Dept. of Education grundsätzlich in die Sprachgruppen der Schüler übersetzt. Trotzdem fällt die Antwortrate verhalten aus. Im Gegensatz dazu hat sich die persönliche Kontaktaufnahme über Telefonat mit Hilfe von Dolmetschern für diese Elterngruppe als erfolgreich erwiesen. An der Gladstone Park Secondary School, berichtet Maree Zagorski, übernehmen teilweise die Kinder selbst die Anrufe bei den Eltern. Damit ist sichergestellt, dass die Eltern Termine auch einhalten. Als Motiv deutet sie, dass die Eltern die Erwartung der Kinder nicht enttäuschen wollen.

An der Mädchenschule Preston Girls, so berichtet Janine Laurence, stellen die Schülerinnen ihren Eltern selbst ihre Lernerfolge vor – in einer Schüler-Elternkonferenz anstelle des üblichen Elternsprechtages. Immer dann, wenn es um Aktivitäten oder Veranstaltungen geht, bei denen auch die Kinder involviert sind, sind die Eltern anwesend, berichten auch Lyndell Hibden und Maree Zagorski. Über die Einbeziehung der Kinder, sagen alle drei australischen Schulleiterinnen, erreicht man auch die Eltern.

5.2.5 Elterliche Aktivitäten

Eine Möglichkeit als Elternteil an einer Schule aktiv zu werden, wäre die Partizipation in Elternverbänden oder Ausschüssen. Von den zehn InterviewpartnerInnen engagieren sich lediglich zwei (IP-DE 2, IP-AUS 5) in einem offiziellen Gremium. IP-DE 2 ist in der Elterninitiative der Grundschule tätig und hilft außerdem auch beim Schulfrühstück. IP-AUS 5 sind die Möglichkeiten, offiziell an der Schule partizipieren zu können, bekannt. Für Eltern, meint sie, gibt es viele Möglichkeiten sich einzubringen. Die Eltern können in Komitees mitarbeiten oder ehrenamtliche Tätigkeiten (z.B. in der Schulkantine, der Bibliothek, bei der Organisation von Schulfesten) übernehmen. Sie selbst habe zum Beispiel an der Organisation von Schulfesten mitgeholfen. Für die Schulen sollte es, wie Epstein *et al.* (2002) in ihrem Modell beschreiben, das Ziel sein, eine möglichst repräsentative Beteiligung aller Eltern zu erreichen. In Deutschland sind Migranteneltern in den gesetzlich vorgeschriebenen Gremien (Elternrat, Elternbeirat etc.) bisher allerdings nur unterproportional beteiligt (Gogolin *et al.* 2003: 53). Zum einen sollte von Seiten der Schulen eine Atmosphäre geschaffen werden, die allen ethnischen, kulturellen und sozioökonomischen Gruppen an der Schule die Möglichkeit gibt, an Entscheidungsprozessen teilzunehmen. Eine andere Vorraussetzung ist die Konstituierung einer Interessengruppe auf Elternseite, um ihre Interessen zu bündeln und verhandelbar zu machen.

In den Interviews mit den australischen Eltern wurde deutlich, dass sie durchaus eine selbstbewusste Einstellung gegenüber der Schule und den gebotenen Abläufen haben. Dies zeigt sich in Bezug auf das Essensangebot für muslimische SchülerInnen, Verfügbarkeit von Gebetsraum oder Angebote über Sprachunterricht. Die Eltern formulieren ihren Bedarf und verhandeln darüber. Viele Eltern haben Ansprüche an die Erziehung ihrer Kinder. Es ist aber wichtig, sagt IP-AUS 5, dass man diese Ansprüche auch an den richtigen Ansprechpartner äußert.

Eine andere Möglichkeit außerhalb der Schule eigeninitiativ auf den Lernprozess der Kinder Einfluss zu nehmen, ist die private Vermittlung von Fördermaßnahmen oder Nachhilfe. In der Mehrzahl der Fälle, in denen Eltern derartige Hilfen für ihre Kinder in Anspruch nehmen, beruht die Entscheidung für ein solches Angebot und einen bestimmten Anbieter auf den Empfehlungen von Verwandten, Freunden oder Bekannten, so Ehud Hizli, stellvertretender Direktor des türkischen VIB e.V. Dabei stellen die Eltern besondere Ansprüche an die Vermittler derartiger außerschulischer Fördermaßnahmen. So hat z.B. die Tochter einer Probandin (IP-DE 3) vor kurzem die Mitgliedschaft in einem türkischen Bildungsverein gewechselt, da sie mit der Hausaufgabenhilfe nicht zufrieden und der Verein im Umgang mit den Kindern nicht streng genug war. Den neuen ebenfalls türkischen Anbieter hat ihr Bruder ausgewählt. An beiden Instituten erhalten die Kinder sowohl Nachhilfe als auch Islam- und Koranunterricht.

Generell sind alle InterviewpartnerInnen bereit, für ihre Kinder Nachhilfe in Anspruch zu nehmen. Dies gilt auch für den über Fragebogen befragten Personenkreis. Sieben von ihnen nehmen Nachhilfe für ihre Kinder bei einem türkischen Institut, das auch Religionsunterricht anbietet. Ein Kind besucht während der Ferien das Nachhilfeangebot einer Moschee. Zwei Kinder besuchen Angebote über ihre Schule. Nach Erdem Hizli wenden sich die Eltern aus unterschiedlichen Gründen an den türkischen VIB e.V.. Dies sind u.a. die großen Transferleistungen, die die Kinder erbringen müssen, wenn sie in der Schule Aufgaben auf Deutsch erklärt bekommen und zuhause wiederum bei den Eltern ins Türkische übersetzen müssen, um Unterstützung zu erfahren. Gerade die Eltern wählen oft aus sprachlichen Gründen einen türkischen Verein, da sie sich aus Furcht oder aufgrund von Verständnisdefiziten nicht in der Lage fühlen, ihre Wünsche in der Schule der Kinder zu äußern. Wiederum anderen Eltern fehlt es einfach an schulischem Basiswissen. Sie seien weder vertraut mit dem Schulsystem, noch können sie ihren Kindern ausreichend bei Hausaufgaben oder Nacharbeiten des Unterrichtsstoffes helfen. Selbst einigen Eltern mit akademischem Hintergrund fällt es schwer, beispielsweise mathematische Textaufgaben in der deutschen Sprache zu verstehen und zu erklären. Darüber hinaus gibt es viele Eltern, die berufstätig sind und denen einfach Zeit für ihre Kinder fehlt; dies gilt besonders für SchichtarbeiterInnen. Ehud Hizli bescheinigt allen Eltern, dass sie der Bildung ihrer Kinder einen hohen Stellenwert beimessen. Dennoch beurteilt er die Situation durchaus kritisch. Viele der Eltern müssten sich mehr Zeit für ihre Kinder nehmen, das sei ein generelles Problem. Die Mehrzahl der Eltern wendet sich mit genauen Vorstellungen an den VIB e.V.. Insbesondere die jüngeren Eltern im Alter von 25 bis 35 Jahren sind in ihrer Erwartungshaltung sehr ehrgeizig und wollen für ihre Kinder viel erreichen. Nicht immer sind jedoch die Forderungen an die Kinder und auch an die Schulen zu erfüllen.

5.2.6 Sprache

Aus den gesammelten Daten in Deutschland und Australien tritt deutlich hervor, dass es noch immer Eltern gibt, die kein oder kaum Deutsch bzw. Englisch sprechen. Die Einbindung dieser Eltern in den schulischen Alltag der Kinder sollte zu einem Ziel der schulischen Elternarbeit werden. Sprachliche Aspekte spielen außerdem auch dann eine wichtige Rolle, wenn es um den Erwerb oder Erhalt der Muttersprache geht.

Die Mehrzahl der InterviewpartnerInnen in Deutschland und Australien verbringt nach Möglichkeit und in Abhängigkeit der Entfernung (Australien-Türkei) regelmäßig Urlaub in der Türkei. Für fast alle Eltern hat es Priorität, dass sich die Kinder in der Türkei auf Türkisch verständigen können. Dabei steht vor allem die verbale Kommunikationsfähigkeit im Vordergrund. Bemerkenswert ist, dass auf die schriftliche Kompetenz in der türkischen Sprache weniger Wert gelegt wird („Schriftlich“, meint zum Beispiel IP-DE 3, „ist nicht so wild, dass kann ich ja auch nicht“). Dabei verfolgen die Eltern durchaus unterschiedliche Strategien für den Erhalt der Muttersprache. Oftmals teilen sich die Eltern diese Aufgabe: ein Elternteil spricht mit den Kindern nur Türkisch, während der andere in der jeweiligen Landessprache spricht (IP-DE 5 spricht wie die Ehepartner von IP-DE 1, 2, 3 und IP-AUS 1 nur Türkisch mit den Kindern). Generell sind alle Eltern bestrebt, das Türkische als Muttersprache zu erhalten.

Von den 21 FragebogenteilnehmerInnen sprechen sechs zuhause ausschließlich Türkisch, zehn überwiegend türkisch, während fünf TeilnehmerInnen angaben vornehmlich Deutsch miteinander zu sprechen. Die Tochter von IP-DE 1 hat auf ihrer vorherigen Schule speziellen Sprachunterricht auf Türkisch erhalten. An der jetzigen Schule sind einfach zu wenige Kinder, um dort ein gleiches Sprachangebot einzurichten. Sie möchte ihre Tochter nicht an einem privaten Institut anmelden. „Wir machen das", sagt sie. Die Tochter von IP-DE 2 besucht neben der Schule eine private türkische Sprachschule. Die Kinder von IP-AUS 1 haben keinen Türkischunterricht an ihrer öffentlichen Schule. Daher besuchen sie die Saturday Classes der Victorian Language School. Schon seit der Primarstufe nutzen sie dieses Angebot. Anders als die staatlichen Schulen in Australien bieten die türkischen Schulen in privater Trägerschaft Türkisch als Zweitsprache (LOTE) als Bestandteil des Schulcurriculums.

Von den 21 FragebogenteilnehmerInnen äußern 13 den Wunsch, dass Türkischunterricht von Seiten der öffentlichen Schulen angeboten werden sollte. Drei von ihnen sind der Meinung, dass auch die Familie selbst für die Vermittlung der türkischen Sprache gleichermaßen zuständig ist. Im Gegensatz dazu finden zwei Personen, dass die türkische Sprache ausschließlich durch die Familie und türkische Vereine und Organisationen vermittelt werden sollte. Die meisten der Kinder, die das Sprachangebot des VIB e.V. in Hannover nutzen, sprechen nur mangelhaft Türkisch. Ehud Hizli macht dafür das Nebeneinander der Sprachen in den Familien verantwortlich. Oftmals werden dabei beide Sprachen, Deutsch wie Türkisch, nur mangelhaft gesprochen. Insbesondere im Schriftbild bestehen bei den SchülerInnen erhebliche Schwächen. Nach seiner Erfahrung lernen die Kinder schneller und einfacher Deutsch, wenn im Elternhaus ein sehr gutes Türkisch gesprochen würde.

5.2.7 Religion

Nach den in den Interviews gewonnenen Daten und Eindrücken lassen sich die InterviewpartnerInnen nicht eindeutig nach ihrer religiösen Einstellung charakterisieren. Zwar vereint alle die gemeinsame Herkunft aus der Türkei, hinsichtlich ihrer religiösen Orientierung gibt es jedoch deutliche Unterschiede. Wie bereits Mackie *et al.* (1983) in ihrer Studie über australisch-türkische MigrantInnen feststellten: "Indeed some in the Turkish community consider their Muslim identity to be cultural rather than religious " (zit. in Windle 2008). Im Unterschied zu den deutschen gingen die australischen InterviewpartnerInnen viel offener und ungezwungener mit ihrer religiösen Identität um. In den Interviews kam nie das Gefühl der Rechtfertigung über religiöse Praktiken oder Ansichten auf, welches bei den in Deutschland interviewten Probanden zu bemerken war. Außer einer Probandin (IP-AUS 3, sie ist Alevitin) sind alle InterviewpartnerInnen der sunnitischen Glaubensrichtung des Islam zuzuordnen.

An den privaten islamischen und türkischen Schulen werden regelmäßig Feste an Islamischen Feiertagen ausgerichtet. Auch die staatlichen Schulen haben sich auf ihre muslimischen SchülerInnen eingestellt. Während *Ramadan*, *Eid* und *Bayram* wird an der Schule versucht, möglichst keine Veranstaltungen auf diese Tage zu legen, so Maree Zagorski von der Gladstone Park Secondary School. Für die muslimischen Feiertage wird allerdings kein Schulfrei gegeben. An vielen öffentlichen Schulen mit muslimischen SchülerInnen in Australien wird *Halal*-Essen angeboten. Die Schülerinnen können den *Hijab* in den Farben der Schuluniform tragen, in vielen Fällen steht den SchülerInnen eine Möglichkeit zum Beten, zum Beispiel die Nutzung eines Büroraumes oder Krankenzimmers zur Verfügung. Religionsunterricht bieten die meist säkularen staatlichen Schulen nicht. Die türkische Gemeinde in Melbourne begeht regelmäßig Feste und Islamische Feiertage wie das *Eid*-Fest, die sowohl einen kulturellen als auch religiösen Charakter besitzen und außerdem als Anlass zu erweiterten Familientreffen dienen (Windle 2008). Anders als die staatlichen Schulen bieten die privaten türkischen und islamischen Schulen eine religiöse Erziehung der Kinder an. Für IP-AUS 5 ist es daher klar, „die meisten der Eltern entscheiden sich aus religiösen Gründen für eine Privatschule". Dies bestätigt auch Selim Kayikci, stellvertretender Schulleiter des Ilim College in Melbourne. Donohoue Clyne schreibt (2001: 134):

> "Turkish parents (...) had chosen for cultural reasons to send their children to Islamic schools established by their own ethnic community and had in the process re-discovered their religious identity. But other parents strongly opposed the religious and political values of some Muslim organisations".

Die privaten Schulen bieten neben türkischsprachigen Lehrkräften und Ansprechpartnern auch die Vermittlung islamischer Werte, Gebetsunterweisung, Gebetsräume und die Wahrnehmung islamischer Feiertage an. Außerdem bieten die privaten türkischen Schulen auch die Möglichkeit, Islamic Studies als Teil des Curriculums belegen zu können. Die Kinder von IP-AUS 1 gehen beide auf eine öffentliche Schule. Da sie und ihr Mann aber Wert darauf legen, dass die Kinder mit islamischen Werten erzogen werden, bringen sie sie zu einem nahegelegenen „Islamic Center", das einer Moschee angeschlossen ist. IP-AUS 2, deren Tochter sich gerade an einer türkischen Privatschule beworben hat, ist dennoch der Auffassung, dass auch an den öffentlichen Schulen Kultur und Religion sehr gut respektiert würden. So führt sie an, dass während des Ramadan die LehrerInnen nicht vor den SchülerInnen essen oder trinken würden. Alle australischen Interviewpartnerinnen äußerten sich dahingehend, dass die staatlichen Schulen, sofern eine ausreichende Zahl muslimischer SchülerInnen vorhanden ist, auf deren Bedürfnisse eingehen würden. Sie sahen es als selbstverständlich an, sich für ihre Wünsche selbst an den Schulen einzusetzen und waren der Überzeugung, dass von Seiten der Schule grundsätzlich Bereitschaft besteht, die Bedürfnisse zu respektieren und umzusetzen. Eine Probandin (IP-AUS 4) betont, dass man sich für die eigenen Belange auch einzusetzen habe, sonst könne man keine Erwartungshaltung haben.

Bei den deutschen InterviewpartnInnen erlebte ich in fast jeder Interviewsituation zum Thema Religion das Bemühen, sich gegenüber extremistischen Glaubensgruppierungen abgrenzen zu müssen. Dabei hatte ich das Gefühl, dass es vor allem darum ging, sich von bestehenden Vorurteilen zu lösen.

Das Verhältnis zur Religion wird sehr unterschiedlich beschrieben. In der Tendenz kann nach den erhobenen Daten davon ausgegangen werden, dass eine Bindung an den islamischen Glauben vorhanden ist; Überzeugung, Sicherheit im Umgang, das Tragen äußerer Symbole etc. wird jedoch individuell unterschiedlich bewertet und ist von verschiedenen Faktoren beeinflusst. Eine Probandin (IP-DE 1) sagt, sie sei Muslimin, aber nicht streng gläubig. Ihr Bruder, der mit einer Christin verheiratet ist, sehe das wie sie nicht so streng mit der Religion. Viele würden nach der Geburt des Kindes streng gläubig. Eine andere Probandin (IP-DE 4) erzählt, dass sie nicht „besonders religiös" erzogen worden ist. Sie hatte zwar früher Koranunterricht, aber sie ist sich jetzt nicht sicher, ob ihr das noch wichtig ist. Ihre Schwester schickt den Sohn zum Koranunterricht, aber nur weil das für deren Mann sehr wichtig ist. Eine andere Interviewpartnerin (IP-DE 2) in Deutschland geht hingegen sehr offen und selbstbewusst mit ihrer religiösen Identität um. Sie trage seit ihrem 22. Lebensjahr den *Hijab*, eine Entscheidung, die ihrer Familie missfallen habe. Für sie persönlich war dies ein bedeutender Umbruch. Heute, sagt sie, ist es schon etwas einfacher für junge Frauen geworden den *Hijab* zu tragen, denn die Frauen sind heute sehr viel selbstbewusster.

Die meisten Eltern haben klare Vorstellungen, wie die Aufgabenteilung zwischen Schule und Elternhaus aussehen sollte. Dennoch gehen gerade bei den über Fragebogen befragten Eltern die Meinungen über Zuständigkeit und Verantwortung bei der Vermittlung religiöser Werte auseinander. Von zwanzig in Deutschland befragten Eltern sind elf der Meinung, dass die Vermittlung religiöser Werte durch die Familie erbracht werden soll, drei von ihnen zusätzlich durch staatliche Schulen, fünf sehen zusätzlich die türkischen und religiösen Vereine und Organisationen in der Verantwortung. Lediglich zwei Elternteile sind der Meinung, dass die Vermittlung religiöser Werte ausschließlich bei den öffentlichen Schulen verbleiben soll.

5.2.8 Bildungsaspirationen

Auf die Frage welche Wünsche die Eltern an die Schulausbildung ihrer Kinder haben, ergab sich für Australien und Deutschland ein heterogenes Bild.
Die Datenerhebung in Melbourne zeigte, dass die meisten der türkischen Eltern einen Universitätsbesuch der Kinder anvisieren und einer beruflichen Ausbildung eher ablehnend gegenüberstehen. Selbst wenn die Schule sich um die Berufsberatung und Zuweisung eines Ausbildungsplatzes bemüht, lehnen viele der Eltern eine berufliche Ausbildung an den TAFE-Colleges oder berufsvorbereitende Kurse (VCAL) vehement ab. Eine Probandin schließt daraus, dass die Eltern nicht ausreichend über Möglichkeiten und Optionen der TAFE informiert sind.
Beispielhaft dafür ist die Situation von IP-AUS 1. Sie berichtet, dass für die Eltern von Beginn der Schulzeit an feststand, dass der Sohn die Universität besuchen sollte. Den Anforderungen war er nicht gewachsen und besonders durch die Erwartungshaltung des Vaters beschreibt sie in dieser Zeit die familiäre Situation als sehr belastend. Nun hat der Sohn mit einem berufsvorbereitendem Kurs (VCAL) begonnen. Sie empfand dabei die Vermittlung und Unterstützung von Seiten der Schule als sehr hilfreich. Eine andere Probandin (IP-AUS 3) berichtet, dass sich innerhalb der türkischen Gemeinde viele der Eltern wünschten, dass die Kinder eine Universitätsausbildung absolvieren. Viele Eltern verbinden mit einem Universitätsabschluss hohes Ansehen innerhalb der Gemeinschaft und die Aufnahme prestigeträchtiger Berufe wie Jurist oder Arzt. Sie merkt aber sehr kritisch an, dass nicht jedes Kind für eine Universitätsausbildung geschaffen sei. Dies und die Möglichkeiten einer beruflichen Ausbildung würden von den Familien oft ignoriert werden. Oftmals weichen die Aspirationen zwischen Eltern und Kindern stark voneinander ab, so Selim Kayikci, Schulleiter des privaten Ilim College. Während die Mehrzahl der Eltern bestrebt sei, dass ihre Kinder einen höheren Bildungsweg einschlagen und ein Studium beginnen sollen, spielt für viele der türkischen Schüler und Schülerinnen der frühe Eintritt in das Arbeitsleben in Verbindung mit dem Erwerb eigener finanzieller Mittel eine übergeordnete Rolle. Für

viele der Eltern steht die Universität für soziale Mobilität, die Aufstieg verheißt. Die „Pioniergeneration" der Eltern, die oftmals unter schweren körperlichen Bedingungen gearbeitet hat, wünscht sich für die eigenen Kinder eine andere, bessere Arbeitssituation. Hinzu kommt, dass Informationen und Verständnis über TAFE oder VCAL innerhalb der türkischen Gemeinde stark begrenzt sind (Inglis et al 1992: ix, 80f). Die schulischen Aspirationen zielen bei den Eltern vor dem Hintergrund knapper Ausbildungsplätze vor allem auf das Erreichen eines guten schulischen Abschlusses. Generell lässt sich feststellen, dass die Eltern realistisch mit den schulischen Chancen ihrer Kinder umgehen. So akzeptiert zum Beispiel IP-DE 5, dass die Tochter aufgrund ihrer schulischen Leistungen einen Realschulabschluss nicht erreichen wird.

5.2.9 Zukunftsperspektiven

Generell lässt sich feststellen, dass die australischen Probanden optimistisch in die Zukunft sehen, während den meisten der Eltern in Deutschland bewusst ist, dass sich nicht alle der hohen Erwartungen trotz der Motivation von Eltern und SchülerInnen realisieren lassen. Im Gegensatz zu den hohen Ambitionen, die vielen der Eltern eigen ist, bewerten einige von ihnen die tatsächlichen Zukunftsperspektiven unter anderen Aspekten. Eine Probandin (IP-DE 1) drückt ihre Frustration über die Bildungschancen in Deutschland aus. Sie sagt, die Ausbildungssituation in Deutschland sei noch sehr viel schlimmer als zu ihrer Zeit. Es gebe viel zu viele Bewerber auf eine Stelle und selbst für die Deutschen ist die Situation sehr schlecht. Sie ist der Meinung: „Wir sind sowieso Ausländer und haben nicht so viele Chancen wie deutsche Kinder und noch weniger Chancen ohne Berufsausbildung oder Schulabschlüsse." Sie ist sich sicher, die Tochter muss sich doppelt so hart anstrengen wie deutsche Kinder, wenn sie etwas erreichen will.

Für IP-DE 5 ist klar, ein guter Abschluss ist heute immer wichtiger. Selbst zum Taxifahren, sagt er, braucht man ja bald Abitur. Sein Sohn hat die Schule mit einem Hauptschulabschluss beendet. Nachdem er nach seiner Lehre nicht übernommen worden ist, fährt er jetzt wie der Vater Taxi. Für die jüngere Tochter wünscht er sich, dass sie den Realschulabschluss schafft. Sonst, meint er, kommt man nicht weiter in Deutschland. Einzig eine Probandin in Deutschland (IP-DE 3) bewertet die tatsächlichen Perspektiven nicht ganz so pessimistisch. Für sie ist klar, wer sich bemüht, der bekommt auch eine Arbeit, auch wenn, das sei ihr bewusst, es manchmal Glückssache sei.

Für die TeilnehmerInnen über den Fragebogen trifft mehrheitlich die Auffassung zu, dass die Berufsaussichten für die jungen Leute nicht sehr gut sind. Die Gründe für diese Annahme sind durchaus unterschiedlich. Drei Eltern geben an, dass sich die Eltern heute zu wenig um die Kinder kümmern oder dass die Kinder zu wenig Respekt haben würden. Für vier Personen ist die schwierige Ausbildungs- und Arbeitsplatzsituation für schlechte Zukunftsperspektiven der jungen Leute verantwortlich. Für einen der Befragten ist klar, „das System hat zu viele Lücken und ungeklärte Fragen im Integrationsprozess“, noch sei keine Gleichstellung erreicht. Sechs der Eltern bewerten die Zukunftschancen ihrer Kinder als gut, insbesondere, wenn sie einen Realschulabschluss oder Abitur schaffen würden und sich an der Universität einschreiben können.

Die Mehrzahl der australischen InterviewpartnerInnen sieht optimistisch in die Zukunft. Für alle trifft die Aussage zu, „wer sich anstrengt, hat auch Erfolg“ und individuelle Leistung zahle sich aus. Eine Probandin (IP-AUS 1) äußert sie Überzeugung, dass jeder der sich bemüht, auch eine Arbeit findet. Sie hofft nur, dass die Kinder die Chancen auch nutzen, die ihnen geboten werden. Auch IP-AUS 2 ist überzeugt, es hängt nur von dem Verhalten der Kinder ab. Sonst sind ihnen keine Grenzen gesetzt. Mit einem High School Abschluss hat heute jeder gute Aussichten, ist sie überzeugt. Genauso ist auch IP-AUS 3 der Meinung, dass es heute eine Vielzahl an Möglichkeiten für die Jugend gibt. Die müssten aber über ihre Konsum- und Laisser-faire-Haltung hinweg kommen und ihre Chancen ergreifen.

5.3 Abschlussanalyse

- Die Ansprüche der türkischen und türkischstämmigen Eltern an die Schule ihrer Kinder sind sowohl in Deutschland als auch in Australien zum einen leistungsorientiert und auf konkrete Abschlüsse bezogen. Für die Eltern in Australien spielt außerdem die kulturelle und religiöse Erziehung im Schulalltag eine übergeordnete Rolle und nimmt Einfluss auf die Schulwahl. Welchen Platz kulturelle und religiöse Erziehung in der schulischen Bildung einnimmt, wird von öffentlichen und privaten Schulen unterschiedlich umgesetzt. Daher bevorzugen türkische Eltern in Australien die türkisch-islamischen Privatschulen. Auch die öffentlichen Schulen halten Angebote für ihre muslimischen SchülerInnen bereit. Inwieweit diese Entwicklungen im Privatschulbereich als Vorzeichen eines möglichen Wandels auch für das deutsche Schulsystem zu sehen sind, ist ungewiss. Hierin spielen neben den Forderungen nach einer „Leistungselite" und dem Stellenwert und der Selektivität privater „Eliteschulen" die religiöse Orientierung der Eltern, aber auch die weitere Entwicklung der islamischen Verbände in Deutschland eine Rolle. Kulturelle und religiöse Erziehung liegt für die meisten der in Deutschland befragten ProbandInnen außerhalb des schulischen Verantwortungs- und Aufgabenbereichs.
- Es wird deutlich, dass die Eltern sowohl in Deutschland als auch in Australien die Wahl der „richtigen" Schule als wichtigen Entscheidungsfaktor für den Bildungserfolg ihrer Kinder ansehen.
- Die meisten Eltern fällen ihre Entscheidung hinsichtlich Schulwahl, Wahl einer Fördereinrichtung oder Religionsunterweisung nach den Empfehlungen, Ratschlägen oder Erlebnissen von Freunden, Bekannten, Verwandten oder Nachbarn.
- Für die Mehrheit der in Deutschland befragten türkischen Eltern hat ein diskriminierungsfreies Umfeld (keine Vorurteile oder Fremdenfeindlichkeit) im

Schulalltag ihrer Kinder einen hohen Stellenwert. Dessen ungeachtet besteht zusätzlich die Befürchtung, bei einem hohen Anteil der SchülerInnen mit Migrationshintergrund Bildungsnachteile erfahren zu müssen.

- In Deutschland ergeben sich durch die Halbtagsschule oder Halbtagsbetreuung für viele Eltern große Herausforderungen. Dies betrifft insbesondere allein erziehende Mütter oder Väter, die bei Vollzeit-Berufstätigkeit besonders auf eine Ganztagsbetreuung angewiesen sind. Dies trifft auch für die Unterstützung bei den Hausaufgaben zu.
- Allein die Tatsache, dass in vielen Familien die sprachliche Kommunikation sehr unterschiedlich stattfindet, dass Kinder für ihre Eltern dolmetschen müssen oder aber bewusst zweisprachig erzogen werden, macht deutlich, dass bei der Gestaltung von Kommunikation und Zusammenarbeit der Eltern und Schulen besondere Anstrengungen erforderlich sind, sollen *alle* Eltern angesprochen und erreicht werden.
- Kommunikationsprobleme aufgrund sprachlicher Defizite in der Landessprache sind an den australischen Schulen durch die Verfügbarkeit von staatlich finanzierten Dolmetscherservices faktisch ausgeräumt.
- Die türkischen Eltern in Deutschland und Australien verfügen über sehr unterschiedliche Kenntnisse der jeweiligen Schulsysteme. Vielen Eltern fehlt das Basiswissen über den Aufbau der Schulzeit, über Schultypen oder Abläufe in den Schulen. Auch lassen sich viele türkische Eltern nicht über die institutionalisierten Veranstaltungen der Schule erreichen. Auf diesem Problem aufbauend haben verschiedene Schulen sowohl in Australien als auch in Deutschland Projekte initiiert. Es zeigte sich, dass die Eltern einen Raum benötigen, in dem das notwendige Vertrauen für einen Austausch über ihren familiären Hintergrund, Kultur, Wünsche und Bedürfnisse zwischen ihnen und der Schule möglich ist.
- Für die Eltern ist ein unbürokratischer Zugang zu den Lehrkräften an der Schule von großer Bedeutung.

6 Fazit

Die am 26.01.2009 veröffentlichte Studie des Berliner Instituts für Bevölkerung und Entwicklung macht erneut deutlich, dass die Diskussion um die Bildungsintegration von Zuwanderern in der Bundesrepublik Deutschland noch lange nicht beendet ist. Die Studie belegt, dass vor allem türkische MigrantInnen im deutschen Bildungssystem deutlich schlechter abschneiden als andere Vergleichsgruppen. Diese Erkenntnis ist, verglichen mit den Ergebnissen der PISA-Studie 2000 oder dem Bildungsbericht der Bundesrepublik 2006, an sich nicht neu.
Was sich allerdings zu ändern beginnt, ist die Umgangsweise mit dieser Problematik. Generell lässt sich feststellen, dass in der Bundesrepublik Deutschland bereits Reaktionen hinsichtlich der mangelhaften „Integration" der türkischen und türkischstämmigen SchülerInnen erfolgen.
So wird an Schulen mit einem hohen Anteil an SchülerInnen mit Migrationshintergrund fast immer Förderunterricht für Deutsch und auch muttersprachlicher Unterricht angeboten. In privater Trägerschaft hat sich eine Vielzahl an Programmen für soziale und sprachliche Integration entwickelt. Auch die Familien organisieren zu einem beachtlichen Teil ihre Unterstützung in Form von Geschwisterhilfe und Nachhilfe selbst.
Es erscheint dennoch notwendig, einen Ansatz in der Schularbeit zu wählen, der nicht nur auf die SchülerInnen, sondern auch auf die Familien bezogen ist und deren gesamte Lebenssituation einbezieht. Die Herausforderung für die Schulen liegt darin, möglichst *alle* Eltern mit Informationen und Hilfestellung zu versorgen. In Anbetracht der Tatsache, dass es die immergleichen Gruppen betrifft, die als Bildungsverlierer ausgewiesen werden, sollte dieser Aufgabe eine besondere Priorität eingeräumt werden.
Der Blick nach Australien zeigt, dass es erfolgreiche institutionelle Konzepte gibt, welche die Kommunikation mit den türkischen Eltern enorm erleichtern. So lassen

sich mit Hilfe von Dolmetscher- und Übersetzerservices die auf Sprachmängeln fußenden Kommunikationsschwierigkeiten faktisch ausräumen.

Die australischen Schulen haben im Vergleich zu Deutschland eine größere Reichweite in der Kommunikation und Interaktion mit den Eltern. Bei den Eltern lassen sich dadurch wiederum Hemmnisse abbauen.

Angesichts des dringenden Handlungsbedarfs, der sich aus den bekannten Studien ableiten lässt, ist eine Abkehr des „Amtssprache-Deutsch-Prinzips" in der schulischen Elternarbeit notwendig. Der Erfolg der vorgestellten Projekte in Deutschland gibt dem Recht.

Einen weiteren Ausblick für die Elternarbeit geben die vielfältigen Projekte hinsichtlich der Gestaltung von Elternabenden und anderen Informationsveranstaltungen. Persönliche Ansprache, ein gering formalisierter Ablauf und Raum für persönlicheren Austausch sind vielversprechende Konzepte im Dialog mit den türkischen Eltern.

Neben den traditionellen Akteuren, Familie und Schule, kann die Einbeziehung der *communities* in die Schule-Eltern-Arbeit eine weitere Grundlage für die Entwicklung von Projekten und Maßnahmen schaffen. Ein erfolgreiches Beispiel enger Zusammenarbeit ist die Einbindung der türkischen *community* in Melbourne in der Victorian Language School.

Die *communities* können nicht nur einen wichtigen Beitrag in der Informationsvermittlung leisten, sondern auch in die Interessenformulierung und Selbsthilfe der Eltern und Kinder eingebunden werden.

Auch das Kind kann als „Brückenglied" helfen, zwischen Eltern und Schule zu vermitteln.

Neue Ansätze sind da, das wird auch aus den Projekten und Programmen deutlich, dennoch ist die Mehrzahl der Projekte in Deutschland auf das Engagement und die Initiative einzelner Schulen oder Personen zurückzuführen. Eine breitere Verknüpfung der Initiativen und Projekte, die mit Austausch und Unterstützung solcher Modellversuche einhergehen kann, ist wünschenswert.

Literaturverzeichnis

Allmendinger, J. und Leibfried, S. (2002): Bildungsarmut. In: Bildungsreform als Sozialreform. Zum Zusammenhang von Bildungs- und Sozialpolitik. Opielka, M. (Hrsg.). VS Verlag für Sozialwissenschaften, Wiesbaden.

Allmendinger, J. und Aisenbrey, S. (2002): Soziologische Bildungsforschung. In: Handbuch Bildungsforschung. Tippelt, R. (Hrsg.). Leske+ Budrich, Opladen.

Althaus, D. (2006): Die bildungspolitischen Kompetenzen im Machtgefüge zwischen Bund und Ländern. In: Bildung zwischen Bürgerrecht und privatem Investment. Gesellschaft für Marketing und Service der Deutschen Arbeitgeber mbH (GDA), Berlin.

Ammermüller, A. und Dohmen, D. (2004): Private und soziale Erträge von Bildungsinvestitionen. Studie zur Technologischen Leistungsfähigkeit Deutschlands 2004 im Auftrag des Bundesministeriums für Bildung und Forschung. FiBS, Köln.

Auernheimer, G. (Hrsg.) (2004): Die Schieflage im Bildungssystem. Die Benachteiligung der Migrantenkinder. Leske und Budrich, Opladen.

Arbeitsgruppe Internationale Vergleichsgruppe (Hrsg.) (2007): Das Bildungswesen in Deutschland. In: Schulleistungen und Steuerung des Schulsystems im Bundesstaat. Waxmann Verlag 2007, Münster.

Badawia, T., Hamburger, F. und Hummrich, M. (Hrsg.) (2003): Wider der Ethnisierung einer Generation. Beiträge zur qualitativen Migrationsforschung. IKO Verlag für Interkulturelle Kommunikation, Frankfurt am Main, London.

Becker, R. (2000): Klassenlage und Bildungsentscheidungen. Eine empirische Anwendung der Werterwartungstheorie. KZfSS Kölner Zeitschrift für Soziologie und Sozialpsychologie 52, S. 450-474.

Becker, R. und Lauterbach, W. (Hrsg.) (2004): Bildung als Privileg. Erklärungen und Befunde zu den Ursachen der Bildungsungleichheit. VS Verlag für Sozialwissenschaften, Wiesbaden.

Behrendt, G. M. (2002): Einwanderung und intergenerationelle Traditionsbildung. In: Fechner, B., Kößler, G., Lieberz-Groß, T. (Hrsg.) (2000): „Erziehung nach Auschwitz" in der multikulturellen Gesellschaft. Pädagogische und Soziologische Annäherungen. Juventa Verlag, Weinheim, München.

Blossfeld, H.P. (1993): Sensible Phasen im Bildungsverlauf. Zeitschrift für Pädagogik 34: 45-64.

BMBF Bundesministerium für Bildung und Forschung (2008): Grund- und Strukturdaten 2007/2008. Daten zur Bildung in Deutschland. BMBF, Berlin.

Böttcher, W. (2005): Soziale Benachteiligung im Bildungssystem. In: Bildungsreform als Sozialreform. Zum Zusammenhang von Bildungs- und Sozialpolitik. Opielka, M (Hrsg.). VS Verlag für Sozialwissenschaften, Wiesbaden.

Bommes, M. (2007): Integration. Gesellschaftliches Risiko und politisches Symbol. In: Bundeszentrale für politische Bildung. Aus Politik und Zeitgeschichte. Integration. 22-23/2007. S. 3-5.

Bourdieu, P. (1983): Ökonomisches Kapital, Kulturelles Kapital, Soziales Kapital. In: Krekel, R. (Hrsg.): Soziale Welt. Sonderheft 2: Soziale Ungleichheit. Opladen *1983*,. S. 183-198.

Bremer, P. (1999): Arbeitsmigranten und die nachfolgenden Generation zwischen Integration und Ausgrenzung. Zur Situation von Ausländer in der Bundesrepublik Deutschland vor dem Hintergrund der internationalen Debatte um Exklusion und Urban Underclass. Universität Oldenburg, Oldenburg.

Buckow, W.-D. und Heimel, I. (2003): Der Weg zur qualitativen Migrationsforschung. In: Wider der Ethnisierung einer Generation. Beiträge zur qualitativen Migrationsforschung. Badawia, T., Hamburger, F, Hummrich, M. (Hrsg.). IKO Verlag für Interkulturelle Kommunikation, Frankfurt am Main, London.

Castles, S., Foster, W., Iredale, R. und Whiters, G. (1998): Immigration and Australia. Myths and Realities. Allen & Unwin, St Leonards, NSW.

Clyne, M. (2003): Dynamics of language contact. English and immigrant languages. Cambridge University Press, Cambridge.

Cortina, K. S., Baumert, J., Leschinsky, A., Mayer, K. U. und Trommer, L. (Hrsg.) (2003): Das Bildungswesen in der Bundesrepublik Deutschland. Strukturen und Entwicklungen im Überblick. Ein Bericht des Max-Planck-Instituts für Bildungsforschung. Rowolt Taschenbuch Verlag, Reinbek bei Hamburg.

Deutscher Ausschuss für das Erziehungs- und Bildungswesen (1965): Zur Situation und Aufgabe der deutschen Bildung. In: Anders: Empfehlungen und Gutachten. 1953-1965 (Gesamtausgabe). Gutachten des Deutschen Ausschusses für das Erziehungs- und Bildungswesen, Bonn.

Diefenbach, H. (2007): Kinder und Jugendliche aus Migrantenfamilien im deutschen Bildungssystem. Erklärungen und empirische Befunde. VS Verlag für Sozialwissenschaften/ GWV Fachverlage GmbH, Wiesbaden.

Diehl, C. (2002): Die Partizipation von Migranten in Deutschland. Rückzug oder Mobilisierung? Leske und Budrich, Opladen.

Dincer, A. (2003): Bildung und Integration. Türkische MigrantInnen und ihr Verständnis von Schule. BiFo Beratung für Bildung und Beruf, Dornbirn.

Donohoue Clyne, I. (2003): Educating the children of Turkish immigrants. The Australian experience. Conference Papers, Eastern Mediterranean University, Farmagusta, North Cyprus.

Eccles, J.S., Midgley, C., Buchanan, C.M., Wigfield, A., Reuman, D. und MacIver, D. (1993): Developmental during adolescence: The impact of stage/environment fit. American Psychologist, 48, 90-101.

Eccles, J.S. (2007): Families, Schools, and Developing Achievement-Related Motivations and Engagement. In: Handbook of Socialization. Theory and research. Grusec, J.E., Hastings, P. (Hrsg.). The Guilford Press, New York.

Elley, J. (1985): Guestworkers or settlers? Turkish migration in Melbourne. Monash University, Melbourne.

Elley, J. (1988): Çalisan hanimlar: Turkish migrant women at work. In: Turkish Community in Australia. R. Akçelik & J. Elley (Hrsg.). Australian-Turkish Friendship Society Publications, Melbourne.

Epstein, J.L. (1990): School and family connections: Theory, research, and implications for integrating sociologies of education and families. In: Marriage and Family Review, 15, 99-126.

Epstein, J.L., Sanders, M.G., Simon, B.S., Clark Salinas, K., Rodriguez Jansorn, N. und Van Voorhis, F.L. (2002): School, Family, and Community Partnerships. Your handbook for action. Corwin Press, Inc., California.

Esser, H. (1986): Ethnische Kolonien. „Binnenmigration" oder gesellschaftliche Isolation? In: Segregation und Integration. Die Situation von Arbeitsmigranten im Aufnahmeland. Hoffmeyer-Zlotnik, J. (Hrsg.). Quorum Verlag, Berlin.

Fichte, J.G. (1971): Über die Bestimmung des Gelehrten. In: Fichtes Werke. Band VI. Fichte, I. H. (Hrsg.). De Gruyter, Berlin.

Flick, U. (1991): Handbuch qualitative Sozialforschung. Grundlagen, Konzepte, Methoden und Anwendungen. Psychologie-Verlags-Union, München.

Gestring, N., Janssen, A. und Polat, A (2006): Prozesse der Integration und Ausgrenzung. Türkische Migranten der zweiten Generation. VS Verlag für Sozialwissenschaften, Wiesbaden.

Gogolin, I., Neumann, U. und Roth H.-J. (2003): Förderung von Kindern und Jugendlichen mit Migrationshintergrund. Gutachten Universität Hamburg, Institut für International und Interkulturell Vergleichende Erziehungswissenschaft. BLK, Bonn.

Gölbol, Y. (2007): Lebenswelten türkischer Migrantinnen der dritten Einwanderergeneration. Eine qualitative Studie am Beispiel von Bildungsaufsteigerinnen. Centaurus-Verlag, Herbholzheim.

Gümen, S., Herwartz-Emden, L. und Westphal, M. (1994): Die Vereinbarkeit von Beruf und Familie als weibliches Lebenskonzept. Eingewanderte und deutsche Frauen im Vergleich. Zeitschrift für Pädagogik 40, 1, 63-80.

Hawkins, F. (1989): Critical years in immigration. Canada and Australia compared. New South Wales University Press, Kensington, NSW.

Hegel, G.W. F. (1970): Phänomenologie des Geistes. In: Theorie-Werksausgabe. Band 3. Moldenhauer, E. und Michel, K.M. (Hrsg.). Suhrkamp, Frankfurt.

Herbert, U. (2001): Geschichte der Ausländerpolitik in Deutschland. Saisonarbeiter, Zwangsarbeiter, Gastarbeiter, Flüchtlinge. Beck, München.

Herwartz-Emden, L. (1995): Konzepte von Mutterschaft und Weiblichkeit. Ein Vergleich der Einstellungen von Aussiedlerinnen, Migrantinnen und westdeutschen Frauen. Zeitschrift für Frauenforschung 13, 3, 56-70.

Hillmert, S. (2004): Soziale Ungleichheit im Lebensverlauf: Zum Verhältnis von Bildungsinstitutionen und Entscheidungen. In: Bildung als Privileg? Erklärungen und Befunde zu den Ursachen der Bildungsungleichheit. Becker, R. und Lauterbach, W. (Hrsg.). VS Verlag für Sozialwissenschaften, Wiesbaden.

Hoberecht, R. (1988): The relationship between teacher/parent perception of communication and practices for more parent involvement at a public school. Dissertation, University of San Francisco, San Francisco.

Huber, L. (1998): Sozialisation in der Hochschule. In: Handbuch der Sozialisation. Beltz Verlag, Weinheim, Basel.

Inglis, C., Elley, J. und Manderson, L. (1992): Making Something of Myself: Educational Attainment and Social Economic Mobility of Turkish-Australian Young People. Australian Govt Pub Service, Canberra.

Jupp, J. (1998): Immigration. Melbourne: Oxford University Press.

Keceli, B. (1988): The traditional socialisation of the Turkish rural women its effects on her migratory settlement process. In: Turkish Community in Australia. Conference Papers. Akcelik, R., Elley, J. (Hrsg.). Australian-Turkish-Friendship Society Publications, Melbourne.

Khoo, S.-E. McDonald, P. und Giorgas, D. (2002): Second Generation Australians. Report for the Department of Immigration and Multicultural and Indigenous Affairs. Dimia.

König, E. und Zedler, P. (Hrsg.) (2002): Qualitative Forschung. Grundlagen und Methoden. Beltz Verlag, Weinheim, Basel.

Lamnek, S. (2002): Qualitative Interviews. In: Qualitative Forschung. Grundlagen und Methoden. König, E., Zedler, P. (Hrsg.). Beltz Verlag., Mannheim, Basel.

Lenhardt, G. (1999): Ethnische Quotierung und Gerechtigkeit im Bildungssystem. In: Die Erfindung der Fremdheit. Kiesel, D. (Hrsg.): Brandes & Apsel, Frankfurt am Main.

Leutner, Beata (2007): Migration, Multiculturalism and Language Maintenance in Australia. Polish Migration to Melbourne in the 1980s. Peter Lang, Bern.

Mackie, F. und Australia. Dept. of Immigration and Ethnic Affairs (1983): Structure, culture and religion in the welfare of Muslim families. A study of immigrant Turkish and Lebanese men and women and their families living in Melbourne. Australian Government Publishing Service, Canberra.

Mayring, P. (2002): Einführung in die qualitative Sozialforschung. Eine Anleitung zum qualitativen Denken. Beltz Verlag, Weinheim, Basel.

Merlino, F. (1988):The Victorian School of Languages. 1935-1988, a brief history. In: Ailanto. Journal of the Victorian School of Languages. S. 9-20.

Nauck, B. (2007): Integration und Familie. In: Aus Politik und Zeitgeschichte. Integration. Bundeszentrale für politische Bildung (Hrsg.). Selbstverlag, Bonn.

North, K. (1999): Wissensorientierte Unternehmensführung. Wertschöpfung durch Wissen. Gabler, Wiesbaden.

OECD (1996): Measuring what people know. Human Capital Accounting for the Knowledge. Economy. Organsisation for Economic Co-operation and Development, Paris.

Opielka, M. (Hrsg.) (2005): Bildungsreform als Sozialreform. Zum Zusammenhang von Bildungs- und Sozialpolitik. VS Verlag für Sozialwissenschaften, Wiesbaden.

Parsons, T. (1951): The Social System. New York/ London.

Patzelt, W. J. (2003): Einführung in die Politikwissenschaft. Grundriss des Faches und studiumbegleitende Orientierung. Wissenschaftsverlag Richard Rothe, Passau.

Pekrun, R. (2002): Psychologische Bildungsforschung. In: Handbuch der Bildungsforschung. Tippelt, R. (Hrsg.). Leske + Budrich, Opladen.

Reuter, L. R. (2002): Politik- und rechtswissenschaftliche Bildungsforschung. In: Handbuch der Bildungsforschung. Tippelt, R. (Hrsg.): Leske + Budrich, Opladen.

Richter, I. (2003): Recht im Bildungssystem. Eine Einführung. Verlag W. Kohlhammer, Stuttgart.

Sandkaulen, B. (2005): Bildung heute - Erfahrungen in Jena. Zur Aktualität des klassischen Bildungsbegriffs. In: Bildungsreform als Sozialreform. Zum Zusammenhang von Bildungs- und Sozialpolitik. Opielka, M. (Hrsg.). VS Verlag für Sozialwissenschaften, Wiesbaden.

Schaub, H. und Zenke, K.G. (2000): Wörterbuch Pädagogik. Kröner, Stuttgart.

Schelsky, H. (1965): Auf der Suche nach der Wirklichkeit. Diederichs, Düsseldorf.

Schlaffke, W. (1999): Qualität und Internationale Wettbewerbsfähigkeit. Der Beitrag der betrieblichen Weiterbildung. In: Handbuch Erwachsenenbildung, Weiterbildung. Tippelt, R. (Hrsg.): Leske + Budrich, Opladen.

Schuchart, C. und Maatz, K. (2007): Bildungsverhalten in institutionellen Kontexten: Schulbesuch und elterliche Bildungsaspiration am Ende der Sekundarstufe I. In: KZfSS Kölner Zeitschrift für Soziologie und Sozialpsychologie, 59. VS Verlag für Sozialwissenschaften, Wiesbaden.

Schultz, T.W. (1961): Education and Economic Growth. In: Social Forces Influencing American Education, Chicago. Henry, N.B. (Hrsg.). The Univ. of Chicago Press, Chicago.

Scrubar I., Renn, J. und Wenzel, U. (Hrsg.) (2005): Kulturen vergleichen. Sozial- und kulturwissenschaftliche Grundlagen und Kontroversen. VS Verlag für Sozialwissenschaften/ GWV Fachverlage GmbH, Wiesbaden.

Şen, F. (1994): Türken in Deutschland. Leben zwischen zwei Kulturen. C.H. Beck'sche Verlagsbuchhandlung, München.

Şen, F. (2007): Türkische Minderheit in Deutschland. In: Informationen zur politischen Bildung, Heft 277: Türkei. Bundeszentrale für politische Bildung.

Smolicz, J. J. (1999): Smolicz on Education and Culture. James Nicholas Publishers, Albert Park.

Soyka, K. (2006): Humankapital und Intellectual Capital. Semantik, Begriffsgeschichte und praktische Bedeutung zweier Kategorien aus pädagogischer und wirtschaftlicher Sicht. Dissertation, Universität Hannover.

Stompe, A. (2005): Armut und Bildung. PISA im Spiegel sozialer Ungleichheit. In: Armut und Geschlecht. Zentrum für transdisziplinäre Geschlechterstudien. Humboldt-Universität zu Berlin, Berlin.

Suderland, M. (2004): Territorien des Selbst. Campus, Frankfurt am Main.

Ulich, K. (1998): Schulische Sozialisation. In: Handbuch der Sozialisation. Beltz Verlag, Weinheim und Basel.

VOMA (Victorian Office of Multicultural Affairs), Department for Victorian Communities (2003): The people in Victoria: Statistics from the 2001 Census. Melbourne: Department of Immigration and Multicultural and Indigenous Affairs, and the Victorian Office of Multicultural Affairs.

Welch, A. (1997): Class, Culture and the State in Australian Education. Reform or Crisis? Peter Lang GmbH Europäischer Verlag der Wissenschaften, Frankfurt am Main.

Wiese, W., Meulemann, H. und Wieken-Mayser, M. (1983): Soziale Herkunft und Schullaufbahn von Gymnasiasten. Zentralarchiv für Empirische Bildungsforschung. Köln

Windle, J. (2008):Ethnicity and Educational Inequality: An Investigation of School Experience in Australia and France. Dissertation, University of Melbourne.

Winkler, M. (2005): Bildungspolitik nach PISA. In: Bildungsreform als Sozialreform. Zum Zusammenhang von Bildungs- und Sozialpolitik. Opielka, M (Hrsg.). VS Verlag für Sozialwissenschaften, Wiesbaden.

Internetquellenverzeichnis

ASCED Australian Standars
http://www.ausstats.abs.gov.au/ausstats/free.nsf/0/378B675403849876CA256C0F 00030115/$File/12710_2000.pdf Zugriff am 4.11.2008

Statistisches Bundesamt Deutschland (Statistisches Bundesamt 2008)
Pressemitteilung Nr. 239 vom 3.07.2008
Einbürgerungszahlen 2007
http://www.destatis.de/jetspeed/portal/cms/Sites/destatis/Internet/DE/Presse/pm/2008/07/PD08__239__12511,templateId=renderPrint.psml

DFAT Department of Foreign Affairs and Trade
http://www.dfat.gov.au/facts/culturally_diverse.html, Zugriff am 5. November 2008

DIAC Department of Immigration and Citizenship
http://www.immi.gov.au/media/publications/multicultural/agenda/agenda89/whatismu.htm, Zugriff am 4.November 2008

Hunn, K. (2004): Angeworben und geblieben. Zur Geschichte der türkischen Einwanderer in der Bundesrepublik. Bundeszentrale für politische Bildung
http://www.bpb.de/themen/E1C4EU.html, Zugriff am 14. November 2008

Bildungsbericht Migration 2008
http://www.bildungsbericht.de/zeigen.html?seite=4331, Zugriff am 27. Mai 2008

Migrationsbericht des Bundesamtes für Migration und Flüchtlinge im Auftrag der Bundesregierung (2006)
http://www.bmi.bund.de/cln_028/nn_122688/Internet/Content/Broschueren/2008/Migrationsbericht__2006__de.html, Zugriff am 27. Mai 2008

Kasuistik

IP-DE 1
W
1969, geb. in der Türkei
Verheiratet
Hauptschulabschluss
Selbstständig
Tochter, 4. Klasse Grundschule

IP-AUS 1
W
1967, geb. in der Türkei
Verheiratet
Hochschulreife
Angestellte
Tochter, 10. Klasse Secondary School
Sohn, VCAL (1. Jahr)

IP-DE 2
W
1972, geb. in der Türkei
Abitur
Studentin (Medizin)
Sohn, 1. Klasse
Tochter, Kindergarten
Tochter, Kindergarten

IP-AUS 2
W
1962, geb. in der Türkei
Verheiratet
Abschluss in der Türkei
Bürokauffrau
Tochter, 6. Klasse
Tochter, 3. Klasse

IP-DE 3
W
1973, geb. in der Türkei
Verheiratet
Realschulabschluss
Hausfrau
Tochter, 5. Klasse Gymnasium
Sohn, Vorschule, Schulkindergarten
Tochter, 1 Jahr

IP-AUS 3
W
1967, geb. in der Türkei
Verheiratet
Hochschulreife
Leitende Angestellte
Tochter, studiert
Tochter, 7. Klasse

IP-DE 4
W
1973, geb. in Dtl.
Verheiratet, getrennt lebend
Hat Realschulabschluss
Hausfrau
Tochter, 2. Klasse Grundschule

IP-AUS 4
W
1969, geb. in der Türkei
verheiratet
Schulausbildung in der Türkei
Sozialarbeiterin
Tochter, 10. Klasse

IP-DE 5
M
1961, geb. in der Türkei
verheiratet
Hauptschulabschluss
Taxifahrer
Tochter, 26 Jahre
Sohn, 24 Jahre
Tochter, 8. Klasse Gymnasium

IP-AUS 5
W
1969, geb. in der Türkei
Verheiratet
Hochschulreife
Sozialarbeiterin
Tochter, 8. Klasse

Toni Hansel (Hg.)
FRÜHE BILDUNGSPROZESSE UND SCHULISCHE ANSCHLUßFÄHIGKEIT. Reform des frühpädagogischen Bereichs in der Debatte nach PISA
Band 6, 2004, 290 Seiten, ISBN 978-3-8255-0530-1, € 24,90

Dieses Buch bietet eine differenzierte Gesamtschau der Reformbemühungen im frühpädagogischen Bereich, die durchaus auch Einblicke in künftige Entwicklungen zuläßt.
Mit Beiträgen von: *Rainer Dollase, Birgit Fischer, Toni Hansel, Susanne Koerber, Hans-Werner Klusemann, Josef Kraus, Marianne Linke, Gisela Lück, Christoph Perleth, Ilona Katharina Schneider, Beate Sodian, Elsbeth Stern, Wolfgang Sucharowski, Claudia Thoermer.*

Toni Hansel (Hg.)
GANZTAGSSCHULE. HALBE SACHE – GROßER WURF? Schulpädagogische Betrachtung eines bildungspolitischen Investitionsprogramms
Band 7, 2005, 262 Seiten, ISBN 978-3-8255-0614-8, € 24,90

Die Ganztagsschule ist keine Erfindung unserer Tage, auch wenn der gelegentlich missionarisch anmutende Eifer, mit dem seit PISA-O über dieses Schulmodell diskutiert wird, eine solche Vermutung nahe legt. Dabei sind Zweifel durchaus begründet, ob alle dasselbe meinen, wenn sie von *Ganztagsschule* reden. Die öffentliche Debatte hat noch nicht deutlich werden lassen, was den Schultypus Ganztagsschule von der Halbtagsschule abhebt – sind es doch nur Stunden, die die Schüler nun zusätzlich in der Schule verbringen sollen?
Mit Beiträgen von: *Cristina Allemann-Ghionda, Michael Becker, Thomas Coelen, Ute Debold, Jörg-Dieter Gauger, Toni Hansel, Stefan Küpper, Harald Ludwig, Wolfgang Nieke, Eckart Pankoke, Eckardt Preuß, Bernd Ostermeyer, Angela Schulz, Wolfgang Sucharowski.*

Toni Hansel (Hg.)
LEHRERBILDUNGSREFORM. Leitbilder einer alltagstauglichen Lehrerbildung
Band 4, 2002, 290 Seiten, ISBN 978-3-8255-0395-6, € 26,50

Dieser Band geht u.a. der Frage nach, welche Konturen eine künftige Lehrerausbildung annehmen sollte, ohne zugleich Bewährtes ersatzlos preiszugeben. Es wird deutlich, daß Lehrerbildung ein außerordentlich komplexer Ausbildungsbereich ist, an dem viele Personen, Institutionen, Verantwortungsbereiche mit entsprechend unterschiedlichen Motivations- und Interessenlagen beteiligt sind.
Mit Beiträgen von: *Klaus-Peter Eichler, Christine Freitag, Jörg-Dieter Gauger, Toni Hansel, Peter Kauffold, Rudolf Lassahn, Wolfgang Nieke, Heike Polzin, Klaus Prange, Franz Prüß, Herbert Reul, Karin Koch-Schäfer, Claudia Solzbacher.*

Toni Hansel (Hg.)
HAUPTSCHULE. Auslaufmodell oder Herausforderung?
Band 1, 2000, 202 + XII Seiten, ISBN 978-3-8255-0313-0, € 25,46

Das Buch bietet eine aktuelle Diskussionsgrundlage zur Debatte über die künftige schulpädagogische Gestaltung des Sekundarstufen I–Bereichs. Alternative Vorstellungen unter Wahrung des institutionellen Rahmens werden vorgestellt. Kritiker der Hauptschule sind ebenso unter den Autoren wie Befürworter.
Mit Beiträgen von: *Hans-Jürgen Brackmann, Dietmar Bronder, Toni Hansel, Hans Günther Homfeldt, Heinz Jürgen Ipfling, Torsten Jendrowiak, Achim Leschinsky, Wolfgang Nieke, Dieter Schulz.*

Zeitfracht Medien GmbH
Ferdinand-Jühlke-Straße 7
99095 Erfurt, Deutschland
produktsicherheit@kolibri360.de